JN056999

新しい
死後事務の
捉え方と実践

「死を基点にした法律事務」という視点に立って

死後事務研究会【編】

久保隆明／上野裕一郎／畑中一世／西澤英之／森田みさ

発行 民事法研究会

はしがき

「実家の相続登記をしたい」「遺言書を作成したい」「認知症の父に成年後見人をつけたい」「相続債務が多いので相続放棄を家庭裁判所にしたい」など、相談者からの依頼事項はその相談者の人生においては一場面であることがほとんどである。私たち司法書士もその相談について適切と思われる手法を提案し、実行することで、その相談者の不安を解消することにつなげている。しかしよくよく考えてみると、人の死に関連することだけでも司法書士が取り扱う業務は多岐にわたる。たとえば、不動産の贈与・売買、遺言書作成支援、成年後見、任意後見、民事信託、死後事務、相続登記、遺産承継業務、遺産分割調停、相続放棄、債務整理などである。相談者の人生の一場面だけではなく、その相談者が歩む人生の道のりの至るところで司法書士が支援することができる場面が多いことに気がついた。相続分野についていえば「相続登記の専門家」から「相続の専門家」へ進化しているのかもしれない。

必ず誰にでも訪れる事象「死」。「死」はその人の終着点として捉えられがちであるが、配偶者や子どもなどその人の人生を承継する人たちも登場人物に加えれば、その人の「死」は、その人を含む関係人らのストーリーの一場面でしかない。相談者一人だけではなく、家族関係についても聴き取り、相談者の「死」を中心にその方が抱える不安を話してもらうことで、司法書士が提案できる手法も有機的につながり、相談者の不安をさらに解消することができるのではないかと考えている。

いわゆる「死後事務」とは、遺体の引取りや居室の明渡し、葬儀の執行など、亡くなった直後の事務について想像される。「死後事務」を「死を基点にした法律事務」として新たに捉え直し、死亡時を基点としてその10年前に選択できること、死亡時に備えて選択できること、死後10年〜20年後を見据えて選択できることについて、相談者やその家族とともにプランニングすることが、今の時代には求められているのではないか。そしてプランは数年ごとに見直し、メンテナンスをかけていくこともまた重要である。「相続の専門家」である現代の司法書士はその役割を十分に担える存在になっているといってよいだろう。それが実現できたのであれば、国民１人ひとりの権利擁護へとつながり、ひいては司法書士の使命を果たすことになるのではないか。

本書では、第１章として「死を基点にした法律事務」の考え方やその法律事務につながる相談技法について検討した。第２章では、委任における死後事務と法定後見における死後事務の法的問題について整理をし、第３章は具体的手続における相談を受ける際の注意点を整理した。第４章は本書において読者に伝えたいモデル事例を設定し、その相談者や家族が抱える不安を１つのストーリーとして捉え、長期間関与していくことがイメージできる内容となっている。その時々の業務を処理することで足りるのではなく、人生にかかわることで司法書士としての職能はさらに発揮され、また相談者やその家族の満足度は高まっていくと考えている。書式などを多く掲載しているので、ぜひご活用いただきたい。

古くから登記手続をとおして、相続（人の死）に関与し続けてきた司法書士。他の士業にはない独自性をさらに活かし、こと相続分野においては、さらに活躍の場を広めることができると執筆者一同考えている。本書がその一助となれば幸いである。

最後に、株式会社民事法研究会編集部の南伸太郎氏のご尽力がなければ、本書は日の目を見なかったであろう。大変お世話になり、感謝申し上げる。

2020年11月

執筆者一同

『新しい死後事務の捉え方と実践』

●目　次●

第1章　死を基点にした法律事務とこれからの相談業務

第２章　死を基点にした法律事務にかかわる法的論点の整理

第３章　個別の事務手続と実務上の注意点

第４章 モデル事例～司法書士宮森あおばの仕事～

◎凡 例◎

民集	最高裁判所民事判例集
刑集	最高裁判所刑事判例集
家月	家庭裁判月報
東高民時報	東京高等裁判所民事判決時報
判タ	判例タイムズ
金法	金融法務事情

第1章
死を基点にした法律事務とこれからの相談業務

第１

死を基点にした法律事務と司法書士の役割

Ⅰ　はじめに～鳥瞰図～

決して逃れることはできない、その時を迎えた場合、それ以降自分ではどうすることもできない事象、それが「死」である。

人の死にかかわる職業は考えている以上に多く存在し、私たち司法書士もまたその職業の一つである。亡くなった親が所有する不動産の名義を子へ移転する相続登記の相談を受けたり、自分が亡くなったときに、相続人が揉めないようにと、生前贈与や遺言の相談を受けたり、相続人間で協議がまとまらないので遺産分割調停の申立書を作成したりと、司法書士は日常的に人の死にかかわっているといえる。

司法書士の業務の本質は、依頼者が抱える法的ストレスについて、適切な方策（法制度の利用）を提案し、そのストレスを解消あるいは緩和することにあると考えられるが、その中でも依頼者が自らの死をイメージしながら抱えるそのストレスは負担が大きいことは想像にかたくない。自戒を込めて述べるが、これまでは、そのストレスを解消あるいは緩和する局所的な方策のみを提案してきたのではないか。「相続人同士が争ってほしくない」と言えば遺言の作成を提案したり、先に特定の推定相続人に生前贈与として不動産の名義を移したり、「亡くなった後の処理が不安だ」と聴けば死後事務委任契約を提案したりという具合だ。

依頼者はその一点の問題が解決すればよいのだろうか。たとえば、相続人間に争いが起こらないようにと生前贈与や遺言を提案する。ただ、その依頼者の真の不安は「相続人同士で争わない」ことであろう。不動産の名義は特定の相続人に帰属し、他の相続人が何を叫ぼうが（遺留分の問題は残されているが）結果は変わらない。外形上法的紛争は解決されたようにみえるが、相続人間は感情のもつれがほどけない状況に陥るかもしれない。それは依頼者の本当の意味での法的ストレスを解消あるいは緩和したことになるのだろうか。また、いわゆる「死後事務」については、火葬埋葬、葬儀、施設費用などの支払い、部屋の明渡しなど、死から比較的短い時間軸の中での業務を指すことが多いが、それもまたそれだけでよいのだろうか。

司法書士が依頼者から相談を受けるにあたり、依頼者が何を不安に感じているのかを聴き、その時間軸をこれまで以上に長く捉え、その中で、不安の解消・緩和に合った提案をしていかなければならないのではないか。①死亡するまでの期間、②死亡してから短い時間軸の期間、③死亡してから10年〜20年を見据えた長い期間。この３つのステージを頭に入れながら相談を受けることで、実は適切だと思われていた方策が対症療法的なものにすぎなかったことがみえてくるように思える。

ここでは依頼者から相談を受けた際の時間軸の捉え方について述べていき、それぞれのステージにおいて司法書士として提案できる方策について提示していきたい。

Ⅱ　時間軸の捉え方

依頼者（相談者）それぞれの死生観にもよるが、相談者の不安の時間軸はそれぞれ異なる。

1　死亡するまでの期間

⑴　このステージの相談者の特徴

このステージにおける相談者の特徴は、自らの死までまだ時間があることを前提に、自らの死後、円滑に遺産が承継されることを希望し、自らの生が続く間に、できうる対策を講じておきたいと考えているところにある。

⑵　このステージによくみられるケース

このステージにおいてよくみられるケースについて、その具体的な相談内容と、相談者の法的ストレスをみてみよう。

〔ケース１〕

相談者Ａの法的ストレスは次のようなものである。

妻に先立たれ子どもたちもそれぞれ家庭をもち、遠くで暮らしており、老後の面倒をみてもらうことは期待できない。身の回りの日常生活がおぼつかなくなった後は、有料老人ホームに入居する予定にしている。その入居費用やその後の施設費や医療費の支払いのために、自宅を売却してその資金を準備する予定である。

しかし、自らが認知症などにより判断能力が低下してしまった場合、施設に入所するまで、また入所した後の財産管理について不安がある。また、そのような状況に陥いると、いざ自宅を売却しようとした際、円滑に事が進まないのではないかと不安を感じている。

〔ケース２〕

相談者Ｂの法的ストレスは次のようなものである。

現在、妻と二人暮らし、近くに長男夫婦が住んでおり、それ以外の子どもたちは遠方で暮らしている。Bが亡くなるまでは妻や長男夫婦が面倒をみてくれると思うが、死亡後に妻が安心して余生を過ごすことを望んでいる。

しかし、長男と二男は昔から折り合いが悪く、遺産分割協議の際に衝突することが予想される。子どもたちがいがみ合うのを妻には見せたくない。衝突を最小限に抑えるための方策がわからず不安を感じている。

〔ケース3〕

相談者Cの法的ストレスは次のようなものである。

Cは株式会社を経営している。会社設立から順調に成長し30年が経った。そろそろ現在専務として会社を切り盛りする長男に会社の経営権を渡したいと考えている。会社の株式はすべてCが保有している。

しかし、顧問税理士に会社の株価を計算してもらったところ、Cの保有株式の額は1億5000万円であることがわかり、生前に長男に贈与をすることにより多額の贈与税が課税される可能性があると指摘された。加えて、会社の経営には関与していないが、いつもお金の無心をする長女のことを考えると、遺産分割協議が円滑に進まないのではないかということを不安に思っている。

2　死亡してから短い時間軸の期間

(1)　このステージの相談者の特徴

このステージにおける相談者の特徴は、自らの死までについての不安は感じておらず、「立つ鳥跡を濁さず」と言わんばかり、自分が亡くなった直後の身辺整理について不安を抱えており、生前にできうる対策を講じておきたいと考えているところにある。

⑵　このステージによくみられるケース

このステージにおいてよくみられるケースについて、その具体的な相談内容と、相談者の法的ストレスをみてみよう。

〔ケース４〕

相談者Ｄの法的ストレスは次のようなものである。

Ｄは妻に先立たれ、地方都市で独り暮らしをしている。子どもは授からなかった。近所に姪が住んでおり、老後の面倒を一手にみてもらっている。そこで、遺産はすべて姪に相続させたいと考えている。

しかし、他にも法定相続人がいること、姪は身体に障がいがあることから、相続手続が円滑に行われるかどうかについて不安に思っている。

〔ケース５〕

相談者Ｅの法的ストレスは次のようなものである。

Ｅは生涯独身であった。兄弟はいるが、不仲であり、長年全く交流がない。死後の遺産はすべて慈善団体に寄付しようと考えている。また、葬儀についても葬儀業者と生前契約しており、菩提寺に永代供養の手続を済ませている。

しかし、自らが亡くなった後、葬儀がきちんと執り行われるのか、遺贈手続が円滑に行われるかが不透明であるし、現時点においては、それらの手続を任せられる人物も思い当たらず不安に思っている。

3　死亡してから10年〜20年を見据えた長い期間

⑴　このステージの相談者の特徴

このステージにおける相談者の特徴は、自らの死までまだ時間があることを前提に、自らの死後、円滑に遺産が承継されることはもちろんであるが、死後10年〜20年という長期的な期間について対応できうる対策を講じ、悔いなく死を迎えることができるようにしておきたいと考えているところにある。

⑵　このステージによくみられるケース

このステージにおいてよくみられるケースについて、その具体的な相談内容と、相談者の法的ストレスをみてみよう。

〔ケース６〕

相談者Ｆの法的ストレスは次のようなものである。

Ｆは妻と子二人の４人家族である。長女は知的障がい者であるが、親が元気なうちは長女の面倒をみることができるし、財産状況としてもある程度の資産を残してあげることができる見込みであるので、自身が亡くなったとしても生活には困らないと考えている。

しかし、妻もすでに認知症を患っており、自らが亡くなった後、妻と長女の生活支援を実際に誰が行うのか、最終的には長男にすべての財産を相続してもらうつもりであるが、妻と長女が生きている間は安心した生活を送ることができるよう、自らが亡くなった後、10年、20年後のことまで今のうちから対策をすることができるのかどうかがわからず不安に思っている。

〔ケース７〕

相談者Ｇの法的ストレスは次のようなものである。

Ｇの家系はいわゆる旧家で代々資産家であり、地方都市ではあるが、中心街に大きな土地をもっており、現在は駐車場として賃貸し、そこから収益を得ている。その収益を利用して、Ｇ家に伝わる刀や掛け軸などの文化財的価値のある骨董品を管理している。これらの遺産は売却をせずに、何代にもわたってＧ家で引き継いでいってほしいと願っている。

しかし、世代が代わるにつれて、遺産を売却しようと考える者が現れてくるだろうし、そのようなことがあれば、先祖に顔向けができないと考えている。今後も末永く資産や家宝が守られるようにするためにはどうしたらよいのかについて不安に思っている。

〔ケース８〕

相談者Ｈの法的ストレスは次のようなものである。

Ｈは生涯独身であり、兄弟とも疎遠となっている。心の拠り所は愛猫である。Ｈ自身高齢であり、愛猫よりも長く生きられないと考えている。愛猫には本当に感謝しており、末永く安らかに生活してほしいと願っている。

しかし、Ｈ自身が亡くなる前でも加齢により身体能力や判断能力が低下し、愛猫の世話を十分にすることができない状況になる可能性がある。また、Ｈ自身の死後は自らと同じくらい愛猫を大切にしてくれる飼い主が必要である。それらを思うと傍らに寄り添う飼い猫が不憫に思えてきて、どうしたらよいのかについて不安に思っている。

Ⅲ　相談対応における視野

これまで8つのケースを想定したが、これまでであれば、私たち司法書士は、相談者が抱える不安事項の一番大きな部分についてのみその方策を提案し、それ以外の不安事項についてまで方策を提案してこなかったのではないか。

1　死亡するまでの期間の3つのケースにおける相談者の不安

死亡するまでの期間として想定される3つのケース（〔ケース1〕〔ケース2〕〔ケース3〕）における相談者の不安と、司法書士が提案できる方策を考えてみよう。

(1)〔ケース1〕の場合——判断能力の低下

〔ケース1〕の場合、相談者Aの不安は判断能力の低下により、財産の管理処分ができなくなることや安心した生活を送ることができなくなることである。

これらの法的ストレスを緩和させる対策としては、まずは任意代理・任意後見契約（→本章第1Ⅳ1(4)、第3章第9）の提案があげられる。

また、任意後見契約ができなかったとしても、その際は法定後見制度（→本章第1Ⅳ3(1)(2)、第3章第9）を利用することで大半の問題は解決に向かうことになる。

成年後見制度を利用することが第一であるが、相談者の不安は完全に払拭されたとはいえない。さらに相談者の期待に応えるべく、遺言の作成（→本章第1Ⅳ1(3)、第3章第8）や、民事信託の利用（→本章第1Ⅳ2(2)、第3章第12）について、それぞれのメリット・デメリットを説明し提案してはどうか。成年後見制度の利用にとどまらない手厚い方策は相談者の不安を解消緩和させていくものとなる。

⑵ 〔ケース2〕の場合――自らの死後の妻の生活

〔ケース2〕の場合、相談者Bの不安は自らの死後の妻の生活である。妻が亡くなるまで判断能力があり、元気に生活できればよいのだが、加齢により判断能力が低下したり、認知症になってしまったりする可能性もある。

そこで、妻がそのような状況になったときに備えて、母と長男による任意代理・任意後見契約（→本章第1 IV 1⑷、第3章第9）を提案することになるだろう。しかし、それだけでは、兄弟間が不仲であること、妻が亡くなったときに兄弟間に争いが生じる可能性があることから、任意代理・任意後見契約に加えて、最終的な父母の遺産を兄弟にきちんと分けて承継させることが、その後の兄弟の関係の改善につながる可能性もある。そのための遺言の作成（→本章第1 IV 1⑶、第3章第8）や、民事信託の利用（→本章第1 IV 2⑵、第3章第12）の提案も必要になるだろう。

⑶ 〔ケース3〕の場合――会社の事業承継

〔ケース3〕の場合、相談者Cの不安は会社の事業承継である。

会社の事業承継において代表者の交代時期や株式の承継は最重要項目であるが、株式の承継については税金の問題が立ちはだかる。110万円の非課税枠を利用した暦年贈与を利用して、少しずつ贈与していくのか、特例事業承継税制を利用するのか（→本章第1 IV 1⑴、第3章第2）、あるいは、民事信託を利用して長男に株式を信託し、相続時に承継するのか（→本章第1 IV 2⑵、第3章第12）、ということがまずは提案できることである。税理士にも関与してもらい、課税リスクを検討してもらうことも必要である。

ただ、それだけでは長女の問題を抱えたままとなる。長女に対するケアをどうするのか。種類株式の活用や遺留分対策としての遺言の作成（→本章第1 IV 1⑶、第3章第8）は必要となるだろう。

また、株式の贈与が完了するまでの時間が長ければ長くなるほど相談者Ｃの判断能力が低下するというリスクが高くなる。したがって、相談者Ｃについても任意代理・任意後見契約（→本章第１Ⅳ１⑷、第３章第９）を提案する必要はあるだろう。

２　死亡してから短い時間軸の期間の２つのケースにおける相談者の不安

死亡してから短い時間軸の期間として想定される２つのケース（〔ケース４〕〔ケース５〕）における相談者の不安と、司法書士が提案できる方策を考えてみよう。

⑴　〔ケース４〕の場合――自らの死後の姪への遺産承継

〔ケース４〕の場合、相談者Ｄの不安は死後姪へ円滑に遺産が承継されるかどうかということである。

他に法定相続人がいることから遺言の作成（→本章第１Ⅳ１⑶、第３章第８）を提案することで、姪に全財産が相続されることになる。

ただ、それだけでは相談者Ｄの不安は解消されない。姪の身体には障がいがあり、銀行手続など窓口に行くことが難しい状況かもしれない。相談者の死後、姪との間で遺産承継業務に係る委任契約（→本章第１Ⅳ２⑶、第３章第11）を締結することができるように前もって説明しておく必要がある。

また、遺言を作成し、遺言執行者として姪を指定したとしても、遺言執行の事務手続（法定相続人への通知など）は難しい場合もある。司法書士自らが遺言執行者になることも不安を解消する有効手段の一つである（→本章第１Ⅳ２⑶、第３章第８）。

⑵　〔ケース５〕の場合――自らの死後の遺産処分

〔ケース５〕の場合、相談者Ｅの不安は亡くなった後の遺産処分であることから、遺言を作成し、遺言執行者を定めておくことで大半の問題は解決されそうだ（→本章第１Ⅳ１⑶、第３章第８）。ただ、相談者Ｅは日々の生活を支援する人が少なく、死を迎えるまで判断能力が維持されているとも限らないし、遺産を引き継がせたい人が現れ、遺言を書き直すことも考えられる。

また、養子縁組などをしたにもかかわらず遺言内容の見直しをしなかったという事態も想定されることから、何らかの形で司法書士がかかわることが必要である。

遺言の作成にとどまらず、見守り契約と任意後見契約（→本章第１Ⅳ１⑷、第３章第９）を提案することも考えられる。

３　死亡してから10年〜20年を見据えた長い期間の３つのケースにおける相談者の不安

死亡してから10年〜20年を見据えた長い期間として想定される３つのケース（〔ケース６〕〔ケース７〕〔ケース８〕）における相談者の不安と、司法書士が提案できる方策を考えてみよう。

⑴　〔ケース６〕の場合――いわゆる親亡き後問題

〔ケース６〕の場合、いわゆる「親亡き後問題」への対応として、長女の成年後見制度が考えられるが、それだけでは不十分といわざるを得ない。

相談者Ｆのもう一つの心配事である、妻の安心した生活を確保するために、妻の判断能力低下に備えて任意後見契約あるいは成年後見制度の利用（→本章第１Ⅳ１⑷・３⑴⑵、第３章第９）を検討する必要がある。

また、成年後見制度のほか、たとえば受託者を長男とした民事信託を利用したり（→本章第１Ⅳ２⑵、第３章第12）、相談者Ｆの遺産が円滑に相続人に承継されるように死後事務に係る委任契約（→本章第１Ⅳ２⑴、第３章第10）や、遺産承継業務に係る委任契約（→本章第１Ⅳ２⑶、第３章第11）を提案したりといったように、相談者Ｆの相談時点から死後10

年～20年の長い期間を想定しながら、その道筋にあった方策を提案していくことが考えられる。

⑵　〔ケース７〕の場合――次期当主への遺産の一括承継

〔ケース７〕の場合、相談者Ｇの不安は次期当主に遺産が一括して承継されることである。

遺言を作成すれば一次的な問題は解決される（→本章第１Ⅳ１⑶、第３章第８）。しかし、遺産の価額も多額になることから、当主以外の相続人から遺留分を主張される可能性が高い。となると、遺留分として支払えるだけの現金がなければ、当主となる一人の相続人に財産を集中させることが難しくなる。

そこで、当主に財産を集中させるだけではなく、財産が分散しない方策も提案しなければならない。遺言の作成のほかは、遺産を信託財産とする民事信託の提案、そして、受託者の候補として親族を構成員とする一般社団法人を設立することも提案の一つである（→本章第１Ⅳ２⑵、第３章第12）。遺産としての物でなく、受益権の取得として遺産分割対策を講じることが、相談者Ｇの不安の解消につながるだろう。

⑶　〔ケース８〕の場合――自らの死後のペットの世話

〔ケース８〕の場合、相談者Ｈの不安は愛猫の行く末である。

このような場合、死後のペットの世話をしてもらう費用やお礼という意味を込めて現金などを遺贈する内容の遺言を作成するという提案をすることが多い。ただ、どのように世話をしてほしいかなど、遺言に記載したとしてもそれは「お願い事項」であり、遺贈を受けた人が希望どおり世話をしてくれているのか、それをチェックする人もまたいない。その点をクリアしなければ相談者Ｈの不安は解消されない。

そこで、民事信託契約の提案は有効だろう（→本章第１Ⅳ２⑵、第３章第12）。どのように世話をしてほしいのかを契約内容に盛り込むことができ、受託者はその内容どおりに職務を遂行しなければならない。また、信託監督人など受託者の業務をチェックすることができるしくみを入れることもできる。

4　相談者の不安に対する広い視野をもった対応

以上のとおり、相談者は漠然とした不安を抱えて私たち司法書士に相談をするが、当然のことながら、自らの不安のすべてを話すことは至難のわざである。司法書士は相談を受けながら、主たる不安はもちろんのこと、話の端々から別の不安要素を探し出し、それにも対応した方策をも提案していくことが相談者のさらなる満足を引き出すことになる。相談者からの話を広い視野をもって対応していくべきである。

Ⅳ　司法書士が提案できる方策と注意点

1　死亡するまでの期間における提案と注意点

死亡するまでの期間において提案することができる主な方策には、次のようなものがある。

⑴　生前に行う財産処分、生命保険への加入

遺産分割対策や相続税対策としての生前贈与や不動産の売却があるが、納税資金の準備としての不動産の処分あるいは生命保険への加入なども考えられる。税務チェックの観点から税理士との連携は必要であり、保険会社と連携することも検討しなければならない。

生前贈与に関しては、暦年贈与や相続時精算課税制度など、一般的な知識をもちあわせたうえで相談を受けることは当然として、手続前に課税の有無を税理士や税務署に相談させるなどの対応が必要となる。

(2) 債務の処理

言わずもがなであるが、負債も財産である。死を考えた場合の遺産承継については、なにも引き継ぐ財産が多額である場合ばかりではない。引き継がせたくない財産についての対策も必要となる。

多額の負債があれば本人が死亡した後、家庭裁判所において相続放棄申述の手続を行えば相続人は負債の支払いを免れることができる。しかし、たとえば、本人の子が相続放棄をしたとしても、その直系尊属であったり、兄弟姉妹であったりと、第２順位、第３順位へと相続人は移っていくわけであるから、相続放棄の申述をしなければならない人数が多数にわたる場合があり、すべての相続人が相続放棄を終えるまで相当の期間と負担を強いられる場合がある。

そこで、多額の負債があることがわかっているのであれば、相談者自身の任意整理、民事再生、自己破産などの債務整理も提案していかなければならない。多額の負債を抱えたまま死を迎えるのではなく、債務の処理をしたうえで、本人が穏やかに死を迎えることができるように準備をすることも重要である。

(3) 遺　言

遺言は遺産分割対策の王道である。公正証書遺言なのか、自筆証書遺言なのか、秘密証書遺言なのか、相談者の希望を聴き、どれが適当なのか判断し、提案していくことになる。遺言の原本が厳重に保管されること、さらに死後の検認手続が不要であることから、公正証書遺言を利用することが多いが、相続財産が多額である場合には相続財産の額に比例して公証人に対する報酬も高くなること、2020年７月10日から法務局における自筆証書遺言の保管制度が始まっていることから、自筆証書遺言の利用が増えていくことになると予想される。

公正証書遺言は、証人２名の立会いの下、公証人の面前で口述して遺言を作成することから、その遺言作成の遺言能力や遺言作成意思は担保されているといえるが、自筆証書遺言の場合、一人で作成することが前提であることから、その遺言作成能力や遺言作成意思の担保力は公正証書遺言に比べて低く、遺言の真否をめぐって死後の相続人間のトラブルが起こりやすいと思われる。自筆証書遺言の場合にその作成を司法書士が支援した際、後日のトラブルにおいて、その自筆証書遺言は適切に作成されたのかを問われる可能性がある。支援者である司法書士は、その際、亡き相談者の代弁者となることができるようにしなければならない。

⑷　任意代理・任意後見契約、民事信託

誰しも死を迎えるまで元気で暮らしていたいと考えるが、死を迎える以前に認知症などにより判断能力が低下してしまうことは、大きな不安要素である。そのような状況になっても、安心して生活を送るためには、入院・入所契約や、医療費・施設費・公租公課の支払いなど、身の回りに関する法律行為や自身の財産管理が適切に行われることが必要条件となる。そこで、本人の判断能力の低下に備えて、任意代理・任意後見契約を締結することは有益である。

また、判断能力の低下した場合に備えて民事信託を利用したいと希望する相談者も増えてきている。たとえば、売却予定の不動産を信託しておけば、その後、委託者（本人）が認知症になったとしても、受託者がその不動産を売却することができる。また、任意後見制度や成年後見制度を利用したとしても同様に判断能力低下リスクには対応することができるが、不動産を売却すること、その価格などの決定については、深く家庭裁判所や任意後見監督人が関与し、本人の財産保全の視点が強く、柔軟な資産活用がしづらくなる。したがって、柔軟かつ本人の考えに従った資産活用を望むのであれば、民事信託を提案していく必要がある。

任意後見契約については、本人の判断能力が低下した後の任意後見人（任意後見受任者）をあらかじめ決めておくことができ、自己決定権の観点からもこの制度はさらに利用が進むべきである。しかし、任意後見へ

の移行を適切な時期に行わなければならないところ、本人の判断能力が低下した後も家庭裁判所に任意後見監督人選任審判申立てがなされずに、外観上任意代理契約が継続していく例もあるやに聞く。その状態は本人の権利を適切に擁護しているとは到底いえない状態である。司法書士が任意後見受任者であれば、本人の状況を把握し、適切な時期に任意後見へ移行させることはできるが、親族を任意後見受任者としたような場合などは、法制度の趣旨をきちんと説明し、適切に任意後見へ移行されるよう、契約後の相談などでかかわりをもつことも重要である。

2　死亡してから短い時間軸の期間における提案と注意点

死亡してから短い時間軸の期間において提案することができる主な方策には、次のようなものがある。

⑴　死後事務委任契約、遺言

特に身寄りのない相談者は、自身の死亡直後のことについて不安を感じていることが多い。火葬埋葬、葬儀、医療費や入院費の支払い、アパートや施設の退去など、亡くなると当然のことながら後始末を自ら行うことができない。一人で生活をしてきた方ほど、死亡直後の後始末について人一倍不安を感じている。

そこで司法書士が提案できることは、死後事務委任契約である。受任者が葬儀を含めた死亡直後の事務全般を担うことになる。受任者は本人と親交のある友人・知人でもよいし、司法書士が担うこともできる。死亡直後について不安を感じている方にとって死後事務委任契約を締結することは、大きな安らぎを与えることになる。

死後事務委任契約を締結する場合、さらに、遺言の作成もあわせて提案することが重要である。死後に遺された財産は誰に引き継いでもらいたいのか、自治体などに寄付をしたいのか、相談者はさまざまな思いを抱えながら生活をしている。仮に思い描いていたとしても、それを法的に実現するためには、遺言などの法的手当をしなければならない。それらを聴き出し、法的手当を提案することで、さらに相談者の安心を呼び込むことができる。

⑵　民事信託

遺言において、葬儀の執り行い方（たとえば、散骨や樹木葬）などを記載したとしても、それはいわゆる「お願い事項」であって、法的な拘束力はもたない。したがって、仮に遺言に葬儀の方法や永代供養のお願いをしたとしても、厳密な意味で遺言執行者の職務の範囲外であるから、遺族の判断に委ねられてしまう部分が大きい。

そこで、きちんとその約束事に法的拘束力をもたせるために、民事信託を利用することも視野に入れなければならない。葬儀にかかわる費用や永代供養料などを信託財産として受託者に預け、受益者が亡くなった場合には、その信託財産を利用して、あらかじめ取り決めた葬儀の内容、寺院に対しての永代供養料の支払いを実現することができる。

⑶　遺言執行者・遺産整理受任者による遺産承継

遺言を作成したとしても、その遺言に従った手続がなされなければ、遺言者の遺志は実現されない。また、たとえ相続人間の遺産分割協議は円満に成立したとしても、遺産が多岐にわたっていたり、相続人のほとんどが遠方に住んでいたり、あるいは相続人が高齢であったりすると、遺産分割協議のとおり遺産を承継することが困難な場合もある。

そこで、遺言執行者や遺産整理受任者の役割は重要である。遺言執行者は遺言内容に従い、遺産整理受任者は相続人からの委任を受けて業務を遂行することになる。とりわけ不動産や有価証券の売却等清算を伴う場合、遺言執行者や遺産整理受任者の専門的知見を必要とすることから、司法書士がその役割を担うことは重要である。

⑷　相続債務の処理

前記１⑵のとおり、生前に多額の負債があることがわかっているのであれば、債務整理をして、負債をなくしたうえで相続を迎えることがよいと考えるが、負債の大半が不法行為による損害賠償債務などの非免責債権であるような場合、事前に自己破産をしたとしても相続人は相続により債務を承継することになってしまう。

このような場合は自己の相続が開始したことを知った時から３か月以内に第一順位の相続人は家庭裁判所において相続放棄申述の手続を行うことになる。その相続放棄の手続が円滑に行われるように、本人の生前に法定相続人となるべき者に対して、相続が発生した場合には、速やかに相続放棄の手続をとることを事前に説明する必要がある。また、第１順位の相続人が放棄した後は、第２順位、第３順位と相続権が移り行くことになるので、それらについても説明しておく必要がある。

３　死亡してから10年～20年を見据えた長い期間における提案と注意点

死亡してから10年～20年を見据えた長い期間において提案することができる主な方策には、次のようなものがある。

⑴　成年後見制度と民事信託

障がいをもつ子や認知症の配偶者などの遺された家族が安心した生活を末永く送ることができるように、身近な人の道徳心や倫理観に頼るだけではなく、成年後見制度や民事信託を利用することが効果的である。

障がいをもつ子や認知症の配偶者に対して、あらかじめ第三者の成年後見人が選任されていれば、相談者が亡くなった後も家庭裁判所の監督下にある成年後見人が成年被後見人の権利擁護活動を行うことになり、さらにその効果は後見終了事由が発生するまで続くことになる。

また、大きな財産をまとめて預けることができるのであれば、民事信託を利用することも選択肢の一つであり、実際、成年後見制度ではなくいわゆる福祉型民事信託を選択したいという相談者も見受けられる。家庭裁判所の監督下にない柔軟な資産活用ができる、と民事信託の利用を希望する相談者は増えてきている。

⑵　成年後見制度と民事信託への正しい理解

近年、民事信託の利用が広がりをみせる中、民事信託が成年後見制度の代替制度であるかのような風潮がある。いうまでもないが、民事信託は信託財産の管理・運用が目的であり、委託者固有の財産管理や成年後見制度でいうところの身上保護業務にあたる法律行為についてまで受託者はできないのである。

さらにいえば、民事信託は家庭裁判所の監督下にないため、その受託者が信託条項に従って業務を遂行しているかについて、チェックが行き届かないこともある。仮に親子間での民事信託であったとしても、受益者代理人や信託監督人をおくなどして、受託者の業務を監督する機能をもたせることの検討は必要である。

相談者の中には成年後見制度よりも民事信託のほうが優れていると考えている方も多いことから、前述のとおり、民事信託は万能ではないことをきちんと伝えるべきである。民事信託だけでは本人の権利擁護は十分ではないことを理解し、相談者に対しても、民事信託および成年後見のそれぞれの制度の説明をしたうえで、双方が補い合う制度であることを理解してもらうことは私たち司法書士の役割である。

Ⅴ　相談時の心構えに変化を

これまでの死後事務は、その文言どおりの「死亡直後の事務」であり、火葬埋葬、葬儀や入院費や医療費の支払い、施設やアパートの退去手続きなど、死亡後短い期間のうちに行われる法律事務がほとんどであった。

しかし、人は逃れられない死を畏れ、あるいは潔く死を覚悟して、その前後について何らかの不安を感じながら生きているのが世の常である。

その前後は死を基点にする短い時間軸ではなく、人によっては、前後10年の範囲であっても何ら不思議ではない。

相談者は目の前にある不安を取り除くためにどのような法的メニューがあるのかを相談してくるのであるが、相談者の声に耳を傾け、その主たる不安だけではなく、長い目でみた不安要素を少しでも多く取り除くことができるように、私たち司法書士は相談者からその不安要素を引き出さなければならないし、そのような相談技法を身につけなければならない。

そして提案した法的メニューを、時には他資格者と連携しながら、適切に処理しなければならないことはもちろんであるが、その提案した司法書士が、たとえば遺言執行者として、成年後見人や任意後見人として、受益者代理人として、死後事務委任契約受任者として、遺産整理受任者として、責任ある立場に就任するなど、その自らの提案した方策が、本人の希望どおりに履行されているかを見守ることも、今後の司法書士の重要な役割となるのではないか。

名は体を表すというが、「死後事務」ではなく「死を基点にした法律事務」に言葉を置き換えることで、相談時の心構えも少しずつ変化していくであろう。

第２

死を基点にした法律事務のための相談技法

Ⅰ　はじめに

私たち司法書士が成年後見業務などでかかわりをもつソーシャルワーカーやケースワーカーの方々は、その本人の環境にあった方策を提示しながら、本人が十分な社会生活を営むことができるように活動をしている。決して画一的ではない当事者に向き合い、日々相談業務、支援・援助業務を行っている。それらソーシャルワーカーやケースワーカーの方々の姿勢には、私たち司法書士の相談姿勢として手本とできる部分が多分にあるように思える。

死を基点にした法律事務について、その相談者がどのような不安を抱いているか、幅広い視野をもって相談に対応し、対症療法的ではなく、その人に合った提案をしていくためには、その相談者からその不安を聴き出さなければならない。いわば、その人の不安を解消するために、その相談者との間で「援助関係」を成立させなければならない。

アメリカの社会福祉学者Ｆ・Ｐ・バイステック氏は書籍『ケースワークにおける原則』の中で、次のように述べている。

ソーシャル・ケースワークは、「クライエントと彼の環境全体とのあいだに、あるいは環境の一部とのあいだに、より良い適応をもたらすために、人間関係についての科学的知識と技術を用いながら、個人の能力や地域の資源を動員する技術（art）である。」と定義されている。この定義にしたがえば、ケースワークの目的はクライエントが「より良く適応する」よう援助することである。つまりケースワークは、人が問題に直面し、ニードを満たし、サービスを受けられるよう援助することを目的としている。この目的を達成する手段は、それぞれのクライエントのニーズに依拠しながら、個人がもっている潜在的な能力を引き出すことであったり、適切な地域の資源を活用することであったり、あるいはその両者であったりする。[1]

ソーシャルワーカーやケースワーカーの方々は、本人の希望や特性に沿って、公的扶助や私的扶助、法制度などの社会的資源を提案し、自己決定を促し、社会的な生活を送ることができるように援助をすることを仕事としている。

バイステック氏は、上記で紹介した書籍の中で、本人との良好な援助関係を形成するために必要な「７原則」を提言している。

〔バイステックの７原則〕

① クライエントを個人として捉える（個別化）

② クライエントの感情表現を大切にする（意図的な感情表出）

③ 援助者は自分の感情を自覚して吟味する（統制された情緒的関与）

④ 受け止める（受容）

⑤ クライエントを一方的に非難しない（非審判的態度）

1　Ｆ・Ｐ・バイステック（尾崎新ほか訳）『ケースワークにおける原則——援助関係を形成する技法〔新訳改訂版〕』（誠信書房・2006年）３頁。

⑥　クライエントの自己決定を促して尊重する（クライエントの自己決定）
⑦　秘密を保持して信頼感を醸成する（秘密保持）

この書籍は、1957年に刊行された書籍の翻訳本である。今から60年以上前の書籍が現在もワーカーをめざす者の相談技法の教科書として使用されている。この７原則は司法書士などの法律専門家の相談技法としても十分活用できる部分が多い。

そこで、本項では、７原則をそれぞれ司法書士の相談業務にあてはめた場合の注意点などをそれぞれ述べていくこととする。

Ⅱ　バイステックの７原則を相談実践に活かす

1　原則①クライエントを個人として捉える（個別化）

原則①「クライエントを個人として捉える（個別化）」については、次のように述べている。

> クライエントを個人として捉えることは、一人ひとりのクライエントがそれぞれに異なる独特な性質をもっていると認め、それを理解することである。また、クライエント一人ひとりがより良く適応できるよう援助する際には、それぞれのクライエントにあった援助の原則と方法を適切に使いわけることである。これは、人は一人の個人として認められるべきであり、単に「一人の人間」としてだけではなく、独自性をもつ「特定の一人の人間」としても対応されるべきであるという人間の権利にもとづいた援助原則である。[2]

たとえば、「自分が亡くなったとき、子どもたちが争わず、円滑に相続されるようにしておきたい」と依頼者が希望を述べたとき、単に遺言の作成のみを提案することは、相談内容とその解決に導く法的メニューをパターン化してしまっていることになる。

それは依頼者を個別的に考えているのではなく、依頼者自身の個別事情を度外視していることになる。依頼者によっては、遺言と民事信託を提案することもあるだろう。遺言ではなく生前贈与を提案することも、遺言信託を提案することも、遺言と成年後見を提案することもあるだろう。司法書士としてその依頼者の個別事情をきちんとヒアリングし、その依頼者に合った法的メニューを提案していかなければならない。

2　原則②クライエントの感情表現を大切にする（意図的な感情表出）

原則②「クライエントの感情表現を大切にする（意図的な感情表出）」については、次のように述べている。

> クライエントの感情表現を大切にするとは、クライエントが彼の感情を、とりわけ否定的感情を自由に表現したいというニードをもっていると、きちんと認識することである。ケースワーカーは、彼らの感情表現を妨げたり、非難するのではなく、彼らの感情表現に援助という目的をもって耳を傾ける必要がある。そして、援助を進める上で有効であると判断するときには、彼らの感情表出を積極的に刺激したり、表現を励ますことが必要である。[3]
>
> クライエントの感情表現を大切にする上で果たすケースワーカーの役割は、クライエントが気軽に自分の感情を表現できる環境を作

2　バイステック・前掲（注１）36頁。
3　バイステック・前掲（注１）54頁～55頁。

り出すことである。[4]

感情を表現しやすい雰囲気を形成するために必要なもう一つの要素は、真に人を援助したいというケースワーカーの願望である。[5]

司法書士に相談援助を求めてくる依頼者はさまざまな不安を抱えている。死を基点にした法律事務に関しては、相談者の心の内をきちんとヒアリングしていかなければならない。ただ、相談初日など、いくら法律事務の専門家である司法書士が相手であったとしても、心の不安のすべてを話してくれる相談者は少ないと思われる。いかに専門的な知識があろうとも、いかに守秘義務があろうとも、１回の面談ですべての不安を打ち明けるだけの信頼を寄せてくれることは珍しいだろう。やはり、数回の面談を重ねて、相談者も初めて心の奥にある不安を吐露してくれるのだと思う。依頼者は自らの不安を一方的に話してくれるわけではない。聴き役である司法書士が、依頼者の話しやすい環境をつくり上げていかなければならない。

まずはソフト面である。依頼者がこれまで人に話すことがなかった不安を目の前の司法書士に話そうと思ってくれるように、相談を受ける司法書士もその不安の払拭に最大限の援助をしなければならない。杓子定規の法的解決策を提案するのではなく、その依頼者に合った提案をしていかなければならない。また、依頼者が自ら話す不安がすべてではない。十分なコミュニケーションをすることで、さらに表出していなかった不安を引き出すことも可能である。いくたびのコミュニケーションを重ねることで、依頼者は不安や憤りを感じて、司法書士の提案を否定や拒否することもあるだろう。そのような素直な感情表現は決してマイナスではなく、依頼者の立ち位置を明確にし、依頼者自身も相談の満足度が深

4　バイステック・前掲（注１）63頁。

5　バイステック・前掲（注１）65頁。

まるに違いない。そして、司法書士がその依頼者の不安を共に解決したいという気持ちが相手に伝わり、司法書士への信頼につながるだろう。

そしてハード面である。事務所の相談スペースが、他の来客者や別の相談者、あるいは事務所スタッフに相談内容をすべて聞こえてしまうような環境では、依頼者はすべての不安を司法書士に伝えることに躊躇を覚えるだろう。不安の種類には世間一般に認めてもらいたい不安もあるだろうが、司法書士に相談する類の不安はそれとは反対方向のベクトルを向いていることがほとんどである。プライバシーに配慮された場所においてこそ、依頼者はその不安を打ち明けてくれるだろう。他の雑音に惑わされず、その時間はその依頼者の言葉だけに耳を傾けていることをハード面からも示す必要がある。

ソフト面とハード面の相談環境を整えることで、依頼者の気持ちを十分引き出すことにつながり、その結果として、司法書士は複層的な法的メニューを提案することができると考えられる。

3　原則③援助者は自分の感情を自覚して吟味する（統制された情緒的関与）

原則③「援助者は自分の感情を自覚して吟味する（統制された情緒的関与)」については、次のように述べている。

> ケースワーカーが自分の感情を自覚して吟味するとは、まずはクライエントの感情に対する感受性をもち、クライエントの感情を理解することである。そして、ケースワーカーが援助という目的を意識しながら、クライエントの感情に、適切なかたちで反応することである。つまり、ケースワーカーが自分の感情を自覚して吟味するという援助原則は、感受性、理解、そして反応という三つの要素から構成されている。[6]

相談の場において、相談者が一方的に１から100まですべての事項について話をすることは期待できない。司法書士事務所の相談室という非日常の環境におかれ、緊張し、遠慮気味になり、十分な話をすることができないのが通常だろう。

また、コミュニケーションという側面から、単なる知識のやりとりだけでは、相談者の真の不安に辿り着くことは難しいだろう。知識と感情が行き交う環境をつくり出すことが重要である。

(1)　感受性

１つ目の要素「感受性」については、次のように述べている。

> ケースワーカーの感受性とは、クライエントの感情を観察し、傾聴することである。[7]

死を基点にした法律事務に関する相談においては、非日常の環境におかれた相談者から短時間の間に述べられた言葉だけをもってすべての不安を吐露していると考え法的メニューの提案をすることは拙速である。

相談者が「親がこの先認知症になった場合に子である自分が医療費などを支払っていきたいので、民事信託を利用したい」と話した場合、司法書士が別の方策として成年後見や任意後見の法制度を紹介し選択肢の幅を広げるだけでは足りない。司法書士としては、民事信託の利用を希望する背景、単なる財産管理の不安だけではなく、家族関係に潜む不安も聴き出す必要がある。さらに民事信託を利用したとして、相談者はどのような活動をすることができると考えているのかを話してもらった方がよい。

たとえば、民事信託を利用することで、成年後見人は不要となり、施

6　バイステック・前掲（注１）77頁。

7　バイステック・前掲（注１）77頁。

設入所契約はさることながら、将来毎月受領する年金の引出しも自由に行うことができると考えている場合が多い。しかしそれでは相談者が思い描いていた状況は民事信託を利用するだけでは実現せず、任意後見制度を利用したほうがその願いに合致していることもわかる。また、家族間に潜む不安を払拭するために、遺言の作成をも提案しなければならない場面もあるだろう。

相談者のこのような断片的な不安を広がりをもって聴くことができるためには、聴き手である司法書士がコミュニケーションを通じて相談者からさまざまな情報を引き出す必要があり、「この人はきちんと話を聴いてくれる」と思ってもらうために、傾聴は重要な要素である。

⑵　理　解

２つ目の要素「理解」については、次のように述べている。

> 理解は、面接を重ねるたびに深まり、成長すべきものである。[8]

相談者の話を傾聴することにより、さまざまな感情が吐露されることになる。相談者も感情の高ぶりから冷静な自己分析ができず、ミスリードするような不安を打ち明けることもあるだろう。

したがって、死を基点にした法律事務のように長期間にわたって効果が継続する法制度を利用する場合、１回の相談だけで方向性を決めることは結果として相談者の満足を得られない可能性が高い。２回、３回と相談を重ねることで、相談者も自分の発言を思い返し、次の相談の際に異なる感情を伝えることもありうる。

そのようなコミュニケーションを継続することにより、受け手である司法書士も相談者について理解が深まり、提案する方策もベターではな

8　バイステック・前掲（注１）85頁。

くベストにより近づいていくことになる。

⑶　反　応

３つ目の要素「反応」については、次のように述べている。

> クライエントの感情表現に対して感受性を働かせ、それを理解するだけでは不十分である。つまり、感受性と理解は、ケースワーカーがクライエントの感情表現に適切に反応するための手段なのである。[9]

聴き手である司法書士が、相談者のさまざまな感情を受け止め、理解をしているということが相談者に伝わらなければ相談者も深い話をしてはくれない。知識のやりとりとしてのコミュニケーションだけではなく、相槌や顔の表情、メモをとるしぐさ、室温の管理など、適切に反応することが重要である。

たとえば、メモされることをよしとしないと思われる相談者であれば、きちんと話を聴くことに集中し、相談が終わってから次回の相談に向けてメモを作成することや、感情表現が豊かな方にはそれに合わせ会話を楽しむような振る舞いをしたり、あえて冷静な立場で相談内容を反復して相談者の不安を整理したりするなど、適切な反応というものはおのずと相談者一人ひとりによって異なるものになるだろう。適切な反応は、相談者からの信頼を得るために欠かせないものである。

４　原則④受けとめる（受容）

原則④「受けとめる（受容）」については、次のように述べている。

9　バイステック・前掲（注１）90頁。

> 援助における一つの原則である、クライエントを受けとめるという態度ないし行動は、ケースワーカーが、クライエントの人間としての尊厳と価値を尊重しながら、彼の健康さと弱さ、また好感をもてる態度ともてない態度、肯定的感情と否定的感情、あるいは建設的な態度および行動と破壊的な態度および行動などを含め、クライエントを現在のありのままの姿で感知し、クライエントの全体に係ることである。
>
> しかし、それはクライエントの逸脱した態度や行動を許容あるいは容認することではない。つまり、受け止めるべき対象は、「好ましいもの」（the good）などの価値ではなく、「真なるもの」（the real）であり、ありのままの現実である。
>
> 受け止めるという原則の目的は、援助の遂行を助けることである。つまりこの原則は、ケースワーカーがクライエントをありのままの姿で理解し、援助の効果を高め、さらにクライエントが不健康な防衛から自由になるのを助けるものである。このような援助を通して、クライエントは安全感を確保しはじめ、彼自身を表現したり、自ら自分のありのままの姿を見つめたりできるようになる。また、いっそう現実に即したやり方で、彼の問題や彼自身に対処することができるようになる。[10]

前記3において、相談者の話を傾聴することが重要であると述べたが、相談者はその不安の大きさからか、感情的な話になったり、法律の面からは整理ができない話になったりする場合がある。

たとえば、長男には多額の借金の肩代わりをしたので、相続の際には、

10　バイステック・前掲（注1）113頁〜114頁。

長男が遺留分などの権利を主張したとしても渡さないようにできる方策を教えてほしいとか、遺言を父親に書かせないうえで、相続人の一人を蚊帳の外において遺産分割協議をする方策はないかといった具合である。

私たち司法書士は、「(家庭裁判所の許可以外で) 遺留分を事実上放棄させるような方策はない」「相続人が自発的に相続放棄をしない限り蚊帳の外におくことはできない」と相談者の話を遮り結論を出しがちである。しかし、最近の相談者はインターネットや書籍などで情報収集していることがほとんどであることから、そのような回答は織り込み済みである。相談者は無理なことを相談していることがわかっていながら、そう話しているケースが多い。つまりは、その経緯を話したい、あるいは法律では無理なのかもしれないが気持ちはわかってもらいたい、のである。

相談者が思いの丈を話し、司法書士はそれを傾聴することで、相談者が何に悩んでいるのかが見えてくるものである。傾聴することで、司法書士にも相談者の不安を少しでも解消する代替方策を提案できることもあれば、相談者の思いを時間をかけて受け止めることで、当初は思いつかなった方策をひらめく場合もある。

司法書士は、相談者の不安を解消するための方策を提案することが仕事であり、その相談者に代わり手続をするだけではない。実際に解決に向かうために行動するのは相談者本人である。あくまでも司法書士は相談者本人の決断と行動を援助するのである。そのため、相談者には司法書士が提案した方策が最善の策であることを納得してもらう必要がある。司法書士が相談者自身の不安を真摯に受け止めて解決へ導く方策を提案してくれて、それを相談者が納得して選択したという構図が必要である。それにより、相談者はその不安を自らが乗り越えたという実感をもつことができる。

5　原則⑤クライエントを一方的に非難しない（非審判的態度）

原則⑤「クライエントを一方的に非難しない（非審判的態度）」については、次のように述べている。

> クライエントを一方的に非難しない態度は、ケースワークにおける援助関係を形成する上で必要な一つの態度である。この態度は以下のいくつかの確信にもとづいている。すなわち、ケースワーカーは、クライエントに罪があるのかないのか、あるいはクライエントがもっている問題やニーズに対してクライエントにどれくらい責任があるのかなどを判断すべきではない。しかし、われわれはクライエントの態度や行動を、あるいは彼がもっている判断基準を、多面的に評価する必要はある。また、クライエントを一方的に非難しない態度には、ワーカーが内面で考えたり、感じたりしていることが反映され、それらはクライエントに自然に伝わるものである。[11]

相談者の中には、自らの倫理観や死生観と合わない方がいたり、法律をねじ曲げてでも相談者の利になるようなことを強いてくる人もいたりする。そのような主張を聴いているうちに「そのようなことはできない」と話を遮ったり、「あなたのような考えの方の仕事は受けられない」と断ってしまったりと、あからさまな態度に出てしまったりしたことはないだろうか。そのような否定的な態度をとることは望ましくない。

自らの主義・主張に合わないとしても、相談者の主張が真意なのであれば、否定的な評価をせず、相談者の立場を含め、さまざまな考え方が

11　バイステック・前掲（注１）141頁。

あるということを認識しつつ、話を聴く必要がある。そうすることで、相談者は心を開き、さらに深く自らの環境や状況を話してくれるようになるだろう。

相談者の主張をそのまま何でも肯定し受け入れなければならないというわけではない。司法書士としての倫理観はきちんともちあわせなければならない。相談者の主義・主張を多面的に評価し、善し悪しの審判を下すのではなく、そのような考えをする人がいるということをありのままの事実として捉え、そのうえで司法書士として支援できることを提案していくこととなる。相談者も司法書士という法律専門職に相談をしているわけであるから、法律を逸脱することはできないと理解したうえで相談に臨んでいるのがほとんどである。逆に相談者に迎合し、その場限りで法律の柵を越えた話をした場合には、その司法書士は信頼されなくなるだろう。

6　原則⑥クライエントの自己決定を促して尊重する（クライエントの自己決定）

原則⑥「クライエントの自己決定を促して尊重する（クライエントの自己決定）」については、次のように述べている。

> クライエントの自己決定を促して尊重するという原則は、ケースワーカーが、クライエントの自ら選択し決定する自由と権利そしてニードを、具体的に認識することである。また、ケースワーカーはこの権利を尊重し、そのニードを認めるために、クライエントが利用することのできる適切な資源を地域社会や彼自身のなかに発見して活用するよう援助する責務をもっている。さらにケースワーカーは、クライエントが彼自身の潜在的な自己決定能力を自ら活性化するように刺激し、援助する責務ももっている。しかし、自己決定と

いうクライエントの権利は、クライエントの積極的かつ建設的決定を行なう能力の程度によって、また市民法・道徳法によって、さらに社会福祉機関の機能によって、制限を加えられることがある。[12]

司法書士が支援するものは、相談者の人生である。相談者は自己の責任において、司法書士が助言提案したいくつかの方策の１つを選択することになる。

しかし、すべての相談者が同じ能力を有しているわけではない。誰かの援助を受けなければ自己決定をすることができない相談者もいる。

司法書士としては、個々の相談者の能力に応じて、援助の方法や程度を変え、最終的にすべての相談者が自己決定をすることができるように行動することが望まれる。

個人の権利は、社会における他者の権利によって制限されるのである。つまり、個人の権利は他者の権利を尊重する義務をともなっている。人の自由は、それ自身が目標ではなく、一つの手段にすぎない。すなわち、自由は人生における近い将来の、あるいは遠い未来の目標を達成するための手段である。それゆえ、自由といっても、自分や他者を勝手に傷つけることは許されないのである。[13]

前記５では相談者の主義主張を一方的に非難しない、ありのままの事実として受け止める必要があると述べたが、相談者の思い描いている未来には当然他者が存在している。相談者の希望が、法律から逸脱している場合や司法書士の職責や職業倫理と相容れない場合、相談者は自らその希望を実現することができる力を有しているわけではない。

12　バイステック・前掲（注１）164頁。

13　バイステック・前掲（注１）175頁。

司法書士は相談者に対して、その希望が他者の権利を侵害している、あるいは社会的規範と照らして正当とはいえないことを伝えていかなければならない。

一方で、相談者の意志を無視して司法書士の個人的な考えの軌道に乗せるようなことをしてはならない。

司法書士は、相談者の自由かつ正当な自己決定を導くために、法的手段の助言と提案に終始するべきである。

7　原則⑦秘密を保持して信頼感を醸成する（秘密保持）

原則⑦「秘密を保持して信頼感を醸成する（秘密保持）」については、次のように述べている。

> 秘密を保持して信頼感を醸成するとは、クライエントが専門的援助関係のなかでうち明ける秘密の情報を、ケースワーカーがきちんと保全することである。そのような秘密保持は、クライエントの基本的権利にもとづくものである。つまり、それはケースワーカーの倫理的な義務でもあり、ケースワーク・サービスの効果を高める上で不可欠な要素でもある。しかし、クライエントのもつこの権利は必ずしも絶対的なものではない。なお、クライエントの秘密は同じ社会福祉機関や他機関の他の専門家にもしばしば共有されることがある。しかし、この場合でも、秘密を保持する義務はこれらすべての専門家を拘束するものである。[14]

相談者は相談を通じて、自らの機微情報、死生観、倫理観、宗教観などさまざまな情報を司法書士に提供する。相談者は司法書士がその情報

14　バイステック・前掲（注１）190頁。

を他者に漏らさないと信じているからこそ、人生そのものを話してくれるのである。司法書士という資格を有しているから話してくれるのではなく、司法書士には守秘義務があるからこそ、信頼して話してくれるのである。

「守秘義務があるので、他者には漏らしません」と言葉で表すのは簡単であるが、それだけで相談者が全幅の信頼を寄せてくれるわけではない。

たとえば、事務所の相談スペースでも工夫は必要である。相談中に他の来客者から相談スペースが見えないようにする、相談内容を他の来客者に聞こえないようにするなどの配慮も、司法書士が相談者の秘密を保持してくれると感じさせることができる要素である。

また、相談票や預かった書類なども整然と管理していることを見せることも、同様に守秘義務を徹底していることを感じさせるものとなる。

一方で、相談者が抱える問題を司法書士がすべて解決できないこともある。弁護士や税理士、公証人、社会福祉士、社会保険労務士など、他士業との連携が必須の場合がある。この場合、相談者の情報を他士業に提供しなければならない。そのような連携が必要であることを相談者がわかっている場合でも、その情報を他士業に提供することをあらためて説明し、理解を得る必要がある。そのような情報管理を徹底することでさらに信頼が醸成され、より多くの情報を提供してくれるようになるだろう。

8　より身近な法律家へ

以上、バイステックの7原則をとおして、司法書士における相談技法を検討してみた。この7原則はそもそも社会福祉の現場に携わる援助者のためのものとして存在しているが、相談者から司法書士が信頼を得て、さまざまな不安や悩みを打ち明けてくれるようになるためのポイントが凝縮されている。

法律専門職は、相談者の話を法律にあてはめ、是非の回答を速やかにつまびらかにする傾向があり、時間をかけて相談者とコミュニケーションを図り、信頼関係を醸成し、それにより相談者の真の不安を聴き出し、その相談者に最適な解決方法を提案するというプロセスが不得手であるように思える。

この７原則を参考にして、これからの司法書士の相談対応を変えることで、一般市民からの司法書士に対する信頼度も高まり、「より身近な法律家」へと変わっていくだろう。

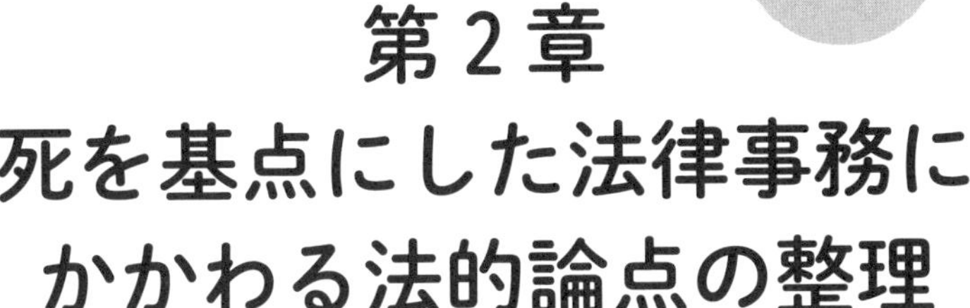

第２章
死を基点にした法律事務にかかわる法的論点の整理

第１

死後事務委任契約に関する法的論点の整理

Ⅰ　はじめに

１　死後事務委任契約の必要性および有用性

頼りにできる親族がいないなどの理由で将来に不安を感じている方であっても、任意代理契約および任意後見契約によって、生存中における預貯金の管理をはじめとする財産管理や介護サービス契約の締結などの身上保護に関する事務を信頼できる第三者に委託することができる。

それでは死亡後の事務についてはどうだろうか。

任意代理契約および任意後見契約は、利用者本人の死亡と同時に終了するため、任意代理人および任意後見人はその死亡後の事務に対応する直接の権限はない。応急処分義務（民法654条）あるいは事務管理（同法697条）は根拠となりうるが、応急処分義務の範囲も必ずしも明確とはいえず、また事務管理についても報酬請求権が認められないなど、いくつかの問題を抱えている。

また、遺言でなし得る事項（遺言事項。遺言によって法的に効力の生ずる事項）についてはあらかじめ法律で定められた事項および解釈上遺言でなし得るとされている事項に限定されているため、その事項に該当しない財産処理は遺言書で定めたとしても法的効力がない。

そこで、任意代理契約、任意後見契約でもってしても、また遺言でもってしても利用者本人の死後も含めた将来の不安に対応できない事項については、利用者本人と受任者司法書士との間で、あらかじめ死後事務委任契約を締結することによってカバーすることが可能となる。

たとえば、利用者本人が入所施設あるいは病院で死亡した場合、未払いの施設利用料や入院費の支払い、遺体の引取り、居室の明渡し等を施設や病院から求められることになるが、あらかじめこれらの行為についての事務を委託する死後事務委任契約が締結されていれば、同契約の受任者は契約上の権限でもって、利用者本人の死亡後にこれらの事務を行うことができる。

このように利用者本人との間で死後事務委任契約を締結することによって、自分の死亡直後に発生する事務を自分の意向に沿ったかたちで処理してもらえるという安心感が得られる。また、施設側や病院側にとっても利用者本人があらかじめこれらの事項について死後事務委任契約を締結していることがわかれば、身元引受人がいない場合でも安心して利用者本人の入所や入院を受け入れることができ、施設入所や入院手続を円滑に進めることができるという二次的効果が期待できる[15]。

2　本項で述べること

このように遺言ではカバーできない死後の事務処理を可能とする死後事務委任契約ではあるが、死後事務委任契約について直接定めた実定法は残念ながら存在しない。死後事務委任契約の遂行にあたりトラブルが生じた場合には、その解決の指針となるのは、民法の委任に関する諸規定や過去の判例法理、契約当事者の契約時の合理的意思解釈ということ

15　迫田博幸「死後事務委任」松川正毅編『新・成年後見における死後の事務――円滑化法施行後の実務の対応と課題』（日本加除出版・2019年）266頁～268頁。

になる。そして問題が生じる時点においては委任者は死亡してしまっているため、当事者の意思の探究のために委任契約の内容をできるだけ詳細かつ明確に定めておく必要がある。死後事務委任契約の内容が詳細かつ明確であれば、契約発効後のトラブルの未然防止や発生した場合の早期解決にもつながり受任者としてもスムーズに委任事務を遂行することができる。

そこで、本項では、下記の死後事務委任契約書条項例[16]を基に、死後事務委任契約締結時の注意点、要検討事項、委任事項について検討する。

死後事務委任契約書条項例

第１条（契約の趣旨）

委任者（以下「甲」という。）は、受任者（以下「乙」という。）に対し、甲と乙との間で本契約と同時に締結する「見守り契約および財産管理等委任契約」および「任意後見契約」に付随する契約として、甲の死亡後における事務を委任し、乙はこれを受任する。

第２条（委任事務の範囲）

1　甲は、乙に対し、甲の死亡後における次の事務（以下、「本件死後事務」という。）を委任する。

①　菩提寺・親族等関係者への連絡事務

②　遺体の引取り

③　火葬、埋葬に関する事務

16　公益社団法人成年後見センター・リーガルサポート研修委員会編「任意後見ハンドブック〔2014年版〕」中の「死後事務委任契約書」参考例（101頁）を基に筆者が内容の一部を修正している。

④　通夜、告別式に関する事務

⑤　永代供養に関する事務

⑥　医療費、入院費、老人ホーム等の施設利用料、甲が居住していた居室の賃貸料、公共料金の支払い

⑦　賃借建物、病院、老人ホーム等の居室の明渡し

⑧　家財道具や生活用品の処分に関する事務

⑨　行政官庁等への諸届け事務

⑩　別途締結した「継続的見守り契約および財産管理等委任契約」における委任事務や「任意後見契約」における後見事務の未処理事務

⑪　相続財産管理人の選任申立手続

⑫　以上の各事務に関する費用の支払い

2　甲は、乙に対し、前項の事務処理をするにあたり、乙が復代理人を選任することを承諾する。

第３条（通夜・告別式）

1　前条第１項の通夜および告別式は、甲に応分の会場で行う。

2　甲の通夜および告別式での読経は、次の寺に依頼する。

〇〇寺

所在

電話

3　前２項に要する費用は、金〇〇〇円を上限とする。

第４条（納骨・埋葬・永代供養）

1　第２条第１項の納骨・埋葬は、次の場所にて行う。

〇〇寺

所在

電話

2　第２条第１項の永代供養は、前項の場所にて行う。ただし、永代供養に関す事務は第１項の寺に依頼することをもって終了する。

3　前２項に要する費用は、金〇〇〇円を上限とする。

第５条（連絡）

甲が死亡したときは、乙は、速やかに、甲があらかじめ指定する下記の者に連絡するものとする。

〇〇〇〇　住所　　　　　　　　電話
〇〇〇〇　住所　　　　　　　　電話
〇〇〇〇　住所　　　　　　　　電話

第６条（費用の負担）

1　乙が本件死後事務を処理するために必要な費用は、甲の負担とする。

2　乙は、前項の費用につき、その支出に先立って、甲の遺言執行者または相続人より、甲の遺産の中から支払いを受けることができるものとする。

第７条（報酬）

甲は、乙に対し、本件死後事務の報酬として、金〇〇〇円（消費税別途）を支払うものとし、本件死後事務終了後、甲の遺言執行者または相続人より、甲の遺産の中から支払うものとする。

第８条（預託金）

1　甲は、乙に対し、本契約締結時に、本件死後事務を処理するために必要な費用に充てることを目的として、金○○○円を預託する。

2　乙は、前項の預託金を自己の金員と区別して管理しなければならない。

第９条（契約の変更）

甲または乙は、甲の生存中、いつでも本契約の変更を求めることができる。

第10条（契約の解除）

1　甲は、乙に次の各号の一に該当する事由が発生したときでなければ、本契約を解除することはできない。

①　乙が甲の財産を故意または過失により毀損し、その他乙の行為が甲に対して不法行為を構成し、そのために乙との信頼関係が破壊されたとき

②　乙が本件死後事務を遂行することが困難となったとき

2　乙は、経済情勢の変化、その他相当の理由により本契約の達成が不可能若しくは著しく困難となったときでなければ、本契約を解除することはできない。

第11条（委任者の死亡による本契約の効力）

1　甲が死亡した場合においても、本契約は終了せず、甲の相続人は、委託者である甲の本契約上の権利義務を承継するものとする。

2　甲の相続人は、前項の場合において、前条第１項記載の事由がある場合を除き、本契約を解除することはできない。

第12条（契約の終了）

本契約は、以下の事由により終了する。

① 乙が死亡しまたは乙に破産手続開始の決定があったとき

② 甲と乙が別途締結した「見守り契約および財産管理等委任契約」および「任意後見契約」が解除されたとき

第13条（契約終了後の事務）

乙は、本件死後事務終了後１か月以内に、遺言執行者、相続人または相続財産管理人に対し、本件死後事務処理のために保管している物および預託金に余剰が発生した場合には当該預託金を返還する。

第14条（報告義務）

乙は、遺言執行者、相続人または相続財産管理人に対し、本件死後事務終了後１か月以内に、本件死後事務に関する次の事項について書面で報告する。

① 本件死後事務につき行った措置

② 費用の支出および使用状況

③ 報酬の収受

第15条（守秘義務）

乙は、本件死後事務に関して知り得た秘密を、正当な理由なく第三者に漏らしてはならない。

第16条（協議）

本契約に定めのない事項および疑義ある事項については、甲および乙が協議して定める。

Ⅱ　死後事務委任契約締結にあたっての諸問題

死後事務委任契約は多くの場合、公正証書によって任意後見契約や遺言と同時に締結されている。それでは、死後事務委任契約は任意後見契約と必ず併用しないと締結できないものなのか。また、必ず公正証書によらなければならないものなのか。

1　任意後見契約との併用が必須なのか

⑴　委任者の意思の尊重という観点

たとえば、委任者が若年で疾患等により死期が迫っていることが明らかであるが、自身の死後の事務処理を託せる身寄りがないという場合を考えてみる。

委任者としては自分が若年ということで生存中に判断能力が減退ないし喪失する可能性は低いとして、受任者との間では死後事務委任契約の締結は望んでいるものの任意後見契約の締結までは望んでいないというケースもあり得る。

このような場合にまで死後事務委任契約の締結にあたって任意後見契約の締結も義務づけられるというのは、委任者の意思の尊重という観点から問題があるのではないか。

⑵　司法書士による受任者としての死後事務遂行の法的根拠

では、司法書士が受任者として委任事務を遂行するための法的根拠はどこに求められるのだろうか。キーとなるのは司法書士法施行規則31条である。

司法書士法施行規則31条１号では、司法書士の業務として、「当事者その他関係人の依頼又は官公署の委嘱により、管財人、管理人その他これらに類する地位に就き、他人の事業の経営、他人の財産の管理若しくは処分を行う業務又はこれらの業務を行う者を代理し、若しくは補助する業務」を定めている。

死後事務委任契約に基づく委任事務の遂行は「当事者」（ここでは利用者本人）の「依頼」により、「管理人その他これらに類する地位につき」、「他人」（ここでは委任者の相続人）の「財産の管理」を「行う」ことにほかならない。

したがって、司法書士による死後事務委任契約に基づく委任事務の遂行は司法書士法施行規則31条１号に基づく司法書士業務なのだから、任意後見契約との併用が必須ということにはならない。

(3)　公証実務の取扱い

もっとも、公証実務においては、任意後見契約を締結しない限り死後事務委任契約を公正証書として作成しないという扱いとされているようである[17]。

死後事務委任契約を任意後見契約の一条項として作成する場合もあれば任意後見契約とは別の契約として作成する場合もあるようだが、死後事務委任契約を任意後見契約に「附随する契約」として捉えているようである。

「附随業務」とは、「現実に個別具体的に遂行している（しようとしている）業務（本来的業務）があって、法律上その業務の範疇に包含されるものではないが、その業務を遂行する上で欠くことができないものとしてその業務に附随する業務を指す（所有権保存登記申請の際の住宅用家屋証明書の交付請求など）」とされる[18]。任意後見契約（本来的契約）の遂

17　大島明「死後事務委任に関する公正証書の上手な活用法」市民と法118号（2019年）30頁・32頁。

18　日本司法書士会連合会「遺産承継業務ハンドブック〔令和元年５月版〕」（2019年）４頁。

行にあたって欠くことのできない程度の附随性があるからこそ死後事務委任契約の有効性が認められるのであって、附随契約としての死後事務委任契約のみを取り上げることはできないという理解のようである。ただ、前述のとおり任意後見契約の締結までは望まない委任者の死後事務委任契約に対する需要という点を考慮すれば、死後事務委任契約を本来的契約と捉えることも十分可能なのではないかと考える。

2　公正証書による必要があるか

死後事務委任契約は公正証書によらずとも締結することが可能である。ただし、死後事務委任契約が具体的に発効するのは委任者の死亡後であるため、委任者の死亡後も死後事務委任契約の真正を担保する手段を講じる必要がある。その点では、可能な限り死後事務委任契約書については公正証書で残しておく必要があるだろう。

もっとも、委任者に死期が迫っていて公正証書を作成する時間がない場合もある。そのような場合には、委任契約書に委任者が実印を押印し印鑑証明書を添付しておくことはもちろん、契約当事者以外の第三者に契約締結に立ち会ってもらいその旨を契約書に付記するなど、可能な限り委任者の死亡後も文書の真正を担保するに足りる手段を講じる必要性はある。また、委任者の生前に作成されたことを証明するために確定日付の付与を受けておくことも有用であろう。

3　相続人との関係

(1)　委任者の死亡による委任契約への影響

民法653条１号では、委任契約は委任者または受任者の死亡によって終了すると規定されている。しかし、同条項は任意規定であるため当事者間の合意によって委任者の死亡後も委任契約は終了しないとすることも可能とされている。

最判平成４・９・22金法1358号55頁は、「自己の死後の事務を含めた法律行為等の委任契約がＡ（委任者）とＹ（受任者）との間に成立したとの原審の認定は、当然に、委任者Ａの死亡によっても右契約を終了させない旨の合意を包含する趣旨のものというべく、民法653条の法意がかかる合意の効力を否定するものでないことは疑いを容れないところである」と判示することにより、このことを明確化させた。

もっとも、あらかじめ委任者の死亡後も委任契約は存続する旨の特約については死後事務委任契約において明示しておくことが後々の紛争予防に有効になると思われる（→条項例11条１項）。

第11条（委任者の死亡による本契約の効力）

１　甲が死亡した場合においても、本契約は終了せず、甲の相続人は、委託者である甲の本契約上の権利義務を承継するものとする。

２　（略）

⑵　相続人からの解除への対応

死後事務委任契約が委任者の死亡後も存続するとしても当初の契約当事者である委任者は死亡しているため、死後事務委任契約は委任者の相続人が委任者の地位を承継することになる。

民法においては委任契約は各当事者がいつでもその解除をすることができると定められているので（民法651条）、相続人が死後事務委任契約の内容に不満をもった場合には相続人から受任者に対して委任契約の解除が通告されることも考えられる。

そのような場合に備えて、あらかじめどのような対応が考えられるだろうか。

契約条項における手当としては、契約時において委任者の解除権を制限する特約をしておくことが考えられる（→条項例11条2項）。

第11条（委任者の死亡による本契約の効力）
1　（略）
2　甲の相続人は、前項の場合において、前条第1項記載の事由がある場合を除き、本契約を解除することはできない。

契約が発効する時点で相続人は委任者の解除権制限特約付きの委任契約上の地位を承継するため、解除権の行使が制限されることになる。当該特約がなくても委任者の死亡が死後事務委任契約の終了とならない合意があればそれは相続人の解除権を制限する趣旨を含むものだという考え方もあるが、委任者が死後事務委任契約の履行を強く望む場合には、解除権の制限についてもあらかじめ明文化しておいたほうが相続人の理解も得られやすいだろう。

もっとも、相続人の権利を拘束してまで被相続人（ここでは委任者）の意思を優先させることは本来遺言によってなすべきであり、遺言によらない委任契約によって相続人を拘束することは相続法秩序に反するという考え方もあり、判例・学説とも定まった見解がない。たとえ委任契約に相続人の解除権を制限する旨の定めをおいていたとしても、相続人との間で訴訟となった場合において、それによる相続人の不利益が受忍限度を超えるという場合には解除権の制限が効力を有しない、と後々裁判所から判断される可能性があることにも留意すべきだろう。

その点につき死後事務委任契約を締結する際、委任者に十分に説明をしたうえで、特に相続人に大きな影響を及ぼすと考えられるような委任事項を契約条項に含めるかどうかについては、慎重な検討が求められる。

４　相続人の相続放棄に及ぼす影響

⑴　問題の所在

民法921条１号においては、「相続人が相続財産の全部又は一部を処分したとき」は相続人は単純承認したものとみなされ、当該相続人は「無限に被相続人の権利義務を承継する」（同法920条）とされている。そして、いったん相続の単純承認がなされてしまえば、それを撤回することはできない（同法919条１項)。

死後事務委任契約は委任者の死亡後に効力が生ずるが、委任者の相続人は特約により委任者の契約上の地位を承継しているため、受任者は委任者相続人の代理人という立場となる。

代理行為の要件および効果について定めた民法99条１項は「代理人がその権限内において本人のためにすることを示してした意思表示は、本人に対して直接にその効力を生ずる」と定めている。また、代理人が本人のためにすることを示さないで意思表示した場合であっても、その「相手方が、代理人が本人のためにすることを知り、又は知ることができたときは」、代理人の意思表示の効力が本人に及ぶ（同法100条ただし書）とされている。

そのため、死後事務委任契約に基づく委任事務の遂行として委任者（被相続人）の相続財産から委任事務費用が支出されたという場合に、相続人（の代理人）によって相続財産の一部が処分されたものとして、もはや相続人は相続放棄をすることができなくなってしまうのかという問題がある。

そこで、まず法定単純承認事由としての民法921条１号にいう「処分」の意味について確認したうえで、死後事務委任契約においてよく用いられる委任事項ごとに考えてみよう。

(2) 民法921条の相続財産の「処分」

まず、民法921条1号の「処分」は、相続財産の売却・贈与といった法律上の処分行為と相続財産の廃棄・取壊しといった事実上の処分行為の双方を含む概念とされている。

なぜ、「処分」行為がなされた場合に法定単純承認事由としているのかについて最判昭和42・4・27民集21巻3号741頁は「本来、かかる行為は相続人が単純承認しない限りしてはならないところであるから、これにより黙示の単純承認があるものと推認しうるのみならず、第三者から見ても単純承認があったと信ずるのが当然であると認められることにある」としている。そのうえで、この判決は、民法921条1号本文の規定が適用されるためには、「たとえ相続人が相続財産を処分したとしても、いまだ相続開始の事実を知らなかったときは、相続人に単純承認の意思があったものと認めるに由ないから、右の規定により単純承認を擬制することは許されないわけであって、この規定が適用されるためには、相続人が自己のために相続が開始した事実を知りながら相続財産を処分したか、または、少なくとも相続人が被相続人の死亡した事実を確実に予想しながらあえてその処分をしたことを要するものと解しなければならない」としている。

「処分」の解釈をめぐっては、単純承認の擬制の相続人に対する効果の重大性に鑑み、相続人に不意打ち的な効果をもたらさないよう厳格に解釈するべきであるとされている[19]。

(3) 葬儀執行の場合

死後事務委任契約に基づく委任事項の実現として執行された葬儀費用について、それが葬儀信託（→本章第1 II 6(7)）の方法によらずに、相続財産より支出された場合（たとえば、委任者と葬儀会社との生前契約に

19　潮見佳男『相続法〔第5版〕』（弘文堂・2014年）62頁。

基づいて委任者から葬儀会社に預託されていた金員から葬儀費用が支払われた場合）、相続人による法定単純承認（民法921条１号）がなされたとして委任者の相続人による相続放棄ができなくなるのかどうかが問題となる。

この点について、大阪高判平成14・7・3家月55巻１号82頁は、次のように述べている。

「葬儀は、人生最後の儀式として執り行われるものであり、社会的儀式として必要性が高いものである。そして、その時期を予想することは困難であり、葬儀を執り行うためには、必ず相当額の支出を伴うものである。これらの点からすれば、被相続人に相続財産があるときは、それをもって被相続人の葬儀費用に充当しても社会的見地から不当なものとはいえない。また、相続財産があるにもかかわらず、これを使用することが許されず、相続人らに資力がないため被相続人の葬儀を執り行うことができないとすれば、むしろ非常識な結果といわざるを得ないものである。したがって、相続財産から葬儀費用を支出する行為は、法定単純承認たる『相続財産の処分』に当たらないというべきである」。

この判決によれば、社会的に相当とされる（遺族として通常実施すべき）範囲内の葬儀費用であれば「処分」にあたらないとされる[20]。逆にいえば、社会的相当の範囲を超えるような盛大な葬儀の場合には、信義則上やむを得ない事情に由来しないものとして、単純承認が認められてしまう可能性があるといえる。

⑷　生前債務弁済の場合

生前債務の弁済を委任事項としていた場合、委任者の死亡後に受任者が委任者の生前債務を弁済した場合、相続人（の代理人）によって相続財産の一部が処分されたものとして、もはや相続人は相続放棄をするこ

20　谷口知平＝久貴忠彦編『新版注釈民法㉗相続⑵〔補訂版〕』（有斐閣・2013年）521頁～522頁、遺産相続実務研究会編『実務マスター　遺産相続事件』（新日本法規出版・2013年）402頁。

とができなくなるのだろうか。

弁済のためのお金が被相続人の遺産からではなく、弁済者自身の預貯金から支出された場合には「被相続人の財産の処分」とはみなされないと考えられている[21]。

よって、たとえば、死後事務受任者があらかじめ委任者より事務処理費用を預からずに（あるいは預かっていたとしてもその金員を使用せず）受任者自身の財産から（立替えとして）債務弁済費用を支出して弁済したという場合には、「被相続人の財産の処分」とならないとされる。また、委任者死後の入院費や施設利用料の支払いにおいて委任者があらかじめ病院や施設側に保証金として預託していた金員から支払われた場合や委任者名義の口座から自動引き落としにより支払われたという場合には、いずれも相続人以外の者による弁済であるとして、法定単純承認の効果が相続人に及ぶことはないであろうと思われる。

一方、被相続人の生前債務の弁済が被相続人の遺産から支出されたお金でなされた場合は「被相続人の財産の処分」とみなされてもやむを得ないものと考えられる。しかし、生前債務の弁済が民法921条１号ただし書にいう「保存行為」に該当するとして、相続財産からの弁済であったとしても法定単純承認の効力は生じないとみる余地もある。相続人は相続の承認または放棄をするまでの間、その固有財産におけるのと同一の注意をもって、相続財産を管理する義務を負う（同法918条１項）が、相続財産の価値を維持する行為は、相続財産の管理行為であり保存行為であるから、期限の到来した債務の弁済も「保存行為」に該当するというわけである。

したがって、少なくとも生前の入院費や施設利用料といった比較的少額の債務の弁済については「保存行為」として相続人に法定単純承認の

21　潮見・前掲（注19）61頁。

効果が生じるという結果にはならないのではないかと思われる。しかし、この点については明確な最高裁判例があるわけでもないし、たとえば、住宅ローンの返済など多額の債務の弁済についてまで「保存行為」といえるかどうかは判断が難しいところである。

⑸　居室明渡しの場合

死後事務委任契約において委任者が生前賃借していた家屋や居室の明渡しが委任事項となっている場合、相続放棄との関係では、明渡しの前提となる賃貸借契約の解約が問題となる。

賃借人側からの賃貸借契約の解約について、賃料債務の増加を防止するという点に着目してこれを民法921条１号ただし書の「保存行為」であるとして法定単純承認の効力を生じさせないとみる可能性もあるが、被相続人の賃借権を消滅させるという点に着目すれば財産の処分行為と評価されるおそれも十分にある[22]。

他方で、賃貸人の側からの一方的解約によって、賃貸借契約が終了する場合には、家屋や居室の明渡しそれ自体は、弁済期の到来した債務の履行であるから「保存行為」と評価されるので[23]、法定単純承認の効力が生ずることはない。なお、賃借人の死亡と同時に賃貸借契約が終了する旨の特約によって契約が終了する場合も同様に考えられる。

死後事務委任契約の発効時点で賃借人側の解約行為によらずに賃貸借契約を終了させるためのしくみがあらかじめ整えられている必要がある。

⑹　生活用品や家財道具の処分の場合

明渡しにあたり居室に残置されている生活用品や家財道具を処分する必要がある。少なくとも財産的価値のある家財道具については、売却し

22　新井教正「賃借物件を引き払うと相続放棄できなくなるのか？」遺言・相続実務問題研究会編『実務家が陥りやすい相続・遺言の落とし穴』（新日本法規出版・2018年）32頁。

23　新井・前掲（注22）32頁。

た場合は相続財産の「処分」とされるし、廃棄した場合は「私にこれを消費」したとみなされ法定単純承認の効力が生じるおそれがある。

他方で財産的価値のない家財道具について、これを廃棄処分する場合はどうだろうか。

たとえば、「既に交換価値を失う程度に着古したボロの上着とズボン各１着」を第三者に与えた場合（東京高決昭和37・7・19東高民時報13巻7号117頁）や、「不動産、商品、衣類等が相当多額にあった」被相続人の「相続財産の内より、僅かに形見の趣旨で背広上下、冬オーバー、スプリングコートと（被相続人の）位牌を分けて貰って持ち帰り、……時計、椅子２脚（１脚は足が折れているもの）の送付を受けて、受領」した場合（山口地徳島支判昭和40・5・13家月18巻6号167頁）といったような、経済的価値のないものの形見分けについて相続財産の「処分」にあたらないとした下級審判例がある。「形見分け」と廃棄とは行為の意味合いは異なるものの、客体が財産的価値のないものであれば「第三者から見ても単純承認があったと信ずるのが当然であると認められる」（前掲最判昭和42・4・27）処分には該当しないであろう。ただ、家財道具についてそれが財産的価値のあるものか否かの判断は難しい場合が多いと思われる。[24]

もっとも、死後事務委任契約においては、委任者が生前に遺品整理業者との間で自らの死亡後の居室内の生活用品や家財道具の処分についての遺品整理契約を別個に締結していれば、受任者は、委任者と遺品整理業者との間の生前契約が委任者の死後にきちんと履行されているかどうかを確認するだけの存在にすぎないので、法定単純承認の問題は生じないものと思われる。

⑺　納骨、永代供養の場合

納骨や永代供養のための費用を委任者の死亡後に相続財産から支出し

24　谷口＝久貴編・前掲（注20）521頁。

た場合についても、葬儀執行の場合と同様に法定単純承認となり得るかが問題となる。

前掲大阪高判平成14・7・3においては、葬儀後の仏壇および墓石の購入にあたって被相続人の預貯金から購入費用を支出した相続人の行為に対し、「葬儀の後に仏壇や墓石を購入することは、葬儀費用の支払とはやや趣を異にする面があるが、一家の中心である夫ないし父親が死亡した場合に、その家に仏壇がなければこれを購入して死者をまつり、墓地があっても墓石がない場合にこれを建立して死者を弔うことも我が国の通常の慣例であり、預貯金等の被相続人の財産が残された場合で、相続債務があることが分からない場合に、遺族がこれを利用することも自然な行動である」としたうえで、「(相続財産である) 本件貯金を解約し、その一部を仏壇および墓石の購入費用の一部に充てた行為が、明白に法定単純承認たる『相続財産の処分』(民法921条1号) に当たるとは断定できないというべきである」と判示されている[25]。

相続財産からの支出が公平ないし信義則上やむを得ない事情によるものであるという理由で民法921条1号の「処分」にあたらないとしているものであるため、本人の生前の経済的地位に照らして不相当とされる場合には法定単純承認の効力が生ずる可能性が出てくる。

また、永代供養料の支出が墓石購入の場合と同一にみることができるのかどうかという問題もある。

いずれにしても委任者の生前に、委任者自ら支出していれば、法定単純承認の問題が生ずることはない。

5　死後事務委任と遺言執行

死後事務委任契約の締結にあたり、受任者としては、同時にあるいは

25　遺産相続実務研究会編・前掲 (注20) 402頁。

契約締結の前後で利用者の作成する遺言書において遺言執行者に指定を受けることが望ましい。前記Ⅰ1で述べたように、利用者が自身の死後に望む事務処理のうち、法的根拠が明確な遺言事項に該当するものについては死後事務委任事項とするのではなく、遺言によって行われるべきである。

死後事務委任契約は、遺言ではカバーすることができない死後の事務処理を可能にするためのものであり、たとえ委任契約において委任者の相続人の解除権を制限する特約を設けていたとしても、その特約の効力が訴訟において否定されるリスクを完全に排除することはできない[26]。

他方で、遺言執行者の場合、その遺言事項を実現するための強力な権限が法律上定められている（民法1012条・1013条・1015条）。受任者と遺言執行者が同一人であれば、より委任者（遺言者）の望む死後の事務（財産）処理を確実に行うことができる。

そのために、死後の事務処理全般に対して相談を受ける司法書士は、利用者の望む死後の事務処理の内容ごとに、それが受任者としての立場で行えるのか、遺言執行者の立場で行えるのか、という点の区別を明確にしたうえで、委任者の望みをかなえる方法を検討することとなる。

6　死後事務処理に要する費用および報酬

(1)　死後事務処理に要する費用

死後事務処理に要する費用については、委任者の負担とされるのが通常である。

しかし、実際に死後事務処理が必要な段階においては委任者の死亡により、委任者の財産は相続人に帰属するため、事務処理に要する費用は相続人（または遺言執行者）に請求することとなる（→条項例6条2項）。

26　後藤巻則「死後の事務処理の委託と委任契約の終了」星野英一ほか編『民法判例百選Ⅱ債権〔第5版新法対応補正版〕』（有斐閣・2005年）146頁～147頁。

> 第６条（費用の負担）
> 　１　（略）
> 　２　乙は、前項の費用につき、その支出に先立って、甲の遺言執行者または相続人より、甲の遺産の中から支払いを受けることができるものとする。

受任者が委任者が作成した遺言における遺言執行者を兼ねていれば、相続財産からの費用払戻しも可能である。また、兼ねていない場合でもあらかじめ相続人や遺言執行者との連絡調整がきちんとできていれば費用支出も可能となるだろう。

しかし、遺産分割協議の成立や遺言執行者からの費用償還に時間がかかるケースもある。そうした場合、未払医療費・入院費の支払いなど、一般的に相続人や遺言執行者からの支払いがなされるまで待つことができない、早急な対応が求められる委任事務の遂行に支障が生ずる。

そのために死後事務委任事務の遂行に必要な費用をあらかじめ預かることが一般的であるが、その留意点につき検討する。

⑵　預かり金に関する契約条項の記載

委任者から死後事務委任事務の遂行に必要な費用を預かる場合には、死後事務委任契約書において、①具体的な預かり金額も明示したうえでの預かり金の授受についての条項、②当該預かり金から死後事務処理に要する費用を支払うことができる旨の条項、③死後事務処理終了後に預かり金に余剰が生じた場合の清算条項を設けておく必要がある（→条項例８条・13条）。

> 第８条（預託金）
> 　１　甲は、乙に対し、本契約締結時に、本件死後事務を処理する

ために必要な費用に充てることを目的として、金〇〇〇円を預託する。

2　乙は、前項の預託金を自己の金員と区別して管理しなければならない。

第13条（契約終了後の事務）

乙は、本件死後事務終了後1か月以内に、遺言執行者、相続人または相続財産管理人に対し、本件死後事務処理のために保管している物および預託金に余剰が発生した場合には当該預託金を返還する。

⑶　預かり金の保管方法の選択

司法書士は、登記をはじめとする業務の遂行にあたり必要となる費用につき、あらかじめ依頼者から預かることを日常的に行っているが、司法書士倫理においては「司法書士は、依頼者から又は依頼者のために預り金を受領したときは、自己の金員と区別して管理しなければならない」とされている（司法書士倫理31条1項）。

また、金員を預かった司法書士が所属する司法書士会において会員の業務上の預かり金の取扱いについての規則が存在する場合は、当該司法書士は、所属会の規則内容に従った保管方法が求められる。

たとえば、日本司法書士会連合会の「預り金の取扱いに関する規則基準」においては、預かり金の取扱いについて、次のように定められている。

日本司法書士会連合会　預り金の取扱いに関する規則基準（抜粋）

（預り金の定義）

第2条　本規則にいう預り金とは、会員が、その職務に関し、依頼者のために、依頼者・相手方その他利害関係人から預り、保管する金員であって、次の各号に掲げるものをいう。

(1)〜(5)　（略）

(6)　司法書士法施行規則第31条第１号及び第２号の業務に基づき管理すべき金員

(7)　その他前記各号に準じて取り扱うべき金員

（保管方法）

第３条　会員は、受任事件につき依頼者から又は依頼者のために預かった金員（以下「預り金」という。）を自己の金銭と区別し得るよう、預り金であることを明確にする方法で記帳し、又は記録して保管しなければならない。

２　会員は、一事件又は一依頼者につき預り金の合計額が50万円以上で、かつ銀行、郵便局その他の金融機関の14営業日以上保管するときは、預り金の保管を目的とする口座（以下「預り金口座」という。）に入金し、保管しなければならない。

同規則基準においては、一依頼者についての預かり金が50万円以上で保管期間が２週間以上となる場合には現金保管は認められないと規定されている。もっとも同規定における「50万円」という金額や２週間という保管期間は主に登記業務において申請時に多額の登録免許税の納付が必要となるケースを想定していると考えられる。死後事務委任契約遂行のための預かり金の保管期間は２週間どころか数年にわたる可能性のある以上、現金と預貯金のどちらで保管すべきか決定するにあたっては、所属司法書士会規則の基準よりもさらに厳しい基準で検討すべきと考える。

預かり金口座を開設するにあたっても、預かり金口座の口座名義を、たとえば、「○○○○（委任者名）預かり口司法書士何某」とし、他の依頼者からの預かり金といっしょに１つの口座で管理することのないようにしなければならない。[27]

⑷　預かり金の保管金額の決定

では、委任者からあらかじめ死後事務処理に必要な費用として預かる具体的金額を決定するにあたっては、どのような点を考慮すべきだろうか。

死後委任事務遂行のための預かり金の場合、実際に支出することになる時期が預かり時点ではわからない。たとえば、委任事項に葬儀の執行が含まれている場合に、その葬儀費用相当額も含めた金額を預かるとなった場合、現金で保管するにはあまりにも高額だろうし、預かり金口座で保管するにしても、長期間の多額預かり金については受任者にさまざまな管理コストが生じる。

そこで、具体的な預かり金額を決定するにあたっては、委任条項の内容に照らして関係機関から見積もりをとるなどしたうえで行わなければならない。委任者側の特殊な事情により高額の金員を預からざるを得ないという場合には、預かり金保管についての監督機関の設置についての検討も必要と考えられる（→本章第１Ⅱ６⑸）。

なお、死後事務委任契約における委任事項に、葬儀の執行など高額な費用の支出が想定される事項が含まれている場合の費用の確保方法については後述する（→本章第１Ⅱ６⑹）。

⑸　預かり金保管についての監督機関

受任者があらかじめ事務処理費用を委任者から預かり保管する場合に適正に管理・保管されているか否かにつき、誰がどのように監督することになるのだろうか。また、そもそも監督機関を設ける必要はあるのだろうか。

27　安井祐子「預貯金の払戻し」松川正毅編『新・成年後見における死後の事務――円滑化法施行後の実務の対応と課題』（日本加除出版・2019年）122頁～124頁。

死後事務委任契約締結後に委任者に成年後見人・保佐人・補助人が付された場合は、当該成年後見人等との間で預かり金の扱いについて協議したうえで、引き続き受任者が管理する場合には成年後見人等からの監督を受けることになるだろう。また、受任者が利用者と任意後見契約を別途締結していて当該契約が発効している場合には、任意後見人として任意後見監督人の監督を受けることになる。

それ以外の場合においては、委任者との間で監督人を設けることの要否について協議して決定することになる。委任者の立場としては監督機関が設けられたほうが安心できる一方、監督機関を設ける場合には受任者と利害関係のない第三者（弁護士や司法書士）に監督事務を依頼することになる以上、監督人報酬の支払いが必要となれば、それは委任者側の費用負担になる。委任者側としては、受任者への預け金の具体的金額に応じて監督機関の要否について検討することになるだろう。

なお、受任者となる司法書士の所属司法書士会における預かり金の保管に関する規則について、預かり金の状況について司法書士会からの照会についての規定があれば、委任契約の内容のいかんにかかわらず、これに従うことになる。

日本司法書士会連合会の「預り金の取扱いに関する規則基準」においては、次のように定められている。

> 日本司法書士会連合会　預り金の取扱いに関する規則基準（抜粋）
>
> （預り金に関する照会）
>
> 第８条　本会は、本会に対して預り金に関する苦情等の申出がされる等当該会員に対し指導・監督すべき相当の理由があると思料するときは、会員に対し、預り金の保管状況およびその出入明細について照会し、預り金口座の写しその他関連する記録の提出を求めることができる。

（照会に関する回答義務）
第9条　会員は、本会から前条の照会を受けたときは、速やかに書面で回答するとともに、預り金口座の写しその他関連する記録の写しを提出しなければならない。

⑹　預かり金と犯罪収益移転防止法

㋐　概　要

犯罪による収益の移転防止に関する法律[28]（以下、「犯罪収益移転防止法」という）においては、同法の対象事業者（以下、「特定事業者」という）に対し、顧客と一定の取引を行うに際して取引確認を行うことを求めるなど、一定の法令上の義務を課している。

司法書士も犯罪収益移転防止法2条2項44号において特定事業者とされているが、特定事業者の行う業務のうち、同法で定める「特定業務」（同法4条1項柱書）に係る取引を行った場合が適用対象となる。

司法書士の「特定業務」としては、①宅地建物の売買に関する行為または手続、②会社等の設立または合併等に関する行為または手続、③現金、預金等の財産の管理または処分についての代理または代行（以下、「特定受任行為の代理等」という）に係るものが該当する。

死後事務委任契約に基づき利用者から事務処理に必要な費用を預かる行為は、上記③に該当するため、同法で定める「特定業務」となる。ただ、「特定業務」に該当しても、特定事業者が司法書士の場合は（ほかに行政書士、公認会計士、税理士など）、預かる財産の価額が200万円以下の場合においては、同法4条4項で取引時確認義務の対象となる「特定取引等」には該当せず、また、司法書士の場合には同法7条で定める取引記録等の作成・保存義務の対象からはずれることになる。

28　警察庁刑事局組織犯罪対策部組織犯罪対策企画課「犯罪収益移転防止法の概要　平成30年11月30日以降の特定事業者向け」参照。

したがって、司法書士が、死後事務委任契約に基づく委任者からの費用を預かる際、預かる財産の価額が200万円を超える場合においては、犯罪収益移転防止法上の義務が生ずることとなる。

(イ)　取引時確認義務

特定事業者のうち司法書士は、特定業務のうち財産価額が200万円を超える現金・預金等の財産の管理または処分を行う場合には、犯罪収益移転防止法上の「特定取引等」を行うものとして顧客と取引を行う際に取引時確認を行うことが必要とされている（同法４条）。

したがって、死後事務委任契約に必要な費用について200万円を超える預貯金等を預かる場合には、犯罪収益移転防止法４条が適用され、取引時確認の対象となる。

通常の特定取引における「取引時確認」の確認事項は、死後事務委任契約の場合は、①本人特定事項（氏名、住居、生年月日）、②取引を行う目的（その取引によって達成したい事柄）、③顧客の職業の３点であり、具体的な確認方法としては、①本人特定事項については、運転免許証などの本人確認書類の提示を受けるなどして行う。②取引を行う目的および③顧客の職業については、本人からの申告を受ける方法により行う。

(ウ)　取引時確認記録の作成・保存義務

特定事業者（ここでは司法書士）が犯罪収益移転防止法４条に基づく取引時確認を行った場合には、直ちに確認記録を作成し、特定取引等に係る契約が終了した日から７年間保存しなければならない（同法６条）。確認記録の記載事項としては、本人特定事項や取引の目的、顧客の職業、本人特定事項の確認のためにとった措置や本人確認書類の提示を受けた日時等があげられる。

(エ)　取引記録等の作成・保存義務

特定事業者は、特定業務に係る取引を行った場合もしくは特定受任行為の代理等を行った場合には直ちにその取引等に関する記録を作成し、当該取引または特定受任行為の行われた日から7年間保存しなければならない（犯罪収益移転防止法7条)。ただし、前記(ア)のとおり、特定事業者のうち司法書士（ほかに行政書士、公認会計士、税理士など）については「現金、有価証券等の財産の管理又は処分に係る特定受任行為の代理等のうち、当該財産の価額が200万円以下のもの」については、特定業務に係る取引であっても、取引記録等の作成・保存は義務づけられていない。

利用者からの預かり金額が200万円を超える場合には犯罪収益移転防止法7条の適用対象となり、取引記録等の作成・保存が義務づけられる。取引記録等の記載事項は以下のとおりである。

① 口座番号その他顧客の確認記録を検索するための事項（確認記録がない場合には、氏名その他の顧客または取引等を特定するに足りる事項）

② 取引または特定受任行為の代理等の日付、種類、財産の価額

③ 財産の移転を伴う取引または特定受任行為の代理等にあっては、当該取引等および当該財産の移転元または移転先の名義その他の当該移転元または移転先を特定するに足りる事項

(7) 葬儀費用の保全——葬儀信託の利用

死後事務委任契約における委任事項中に葬儀の執行も含まれている場合、その執行に要する葬儀費用は委任者の財産から支出することとなる。

具体的な葬儀費用については受任者としては、委任者の生存中に現金あるいは預貯金で預かることを望む。ただ、受任者の死亡リスクや預かり金が高額になることで委任者の不安が生じることも考えられる。そこで、受任者が預かる以外の方法を検討してみたい。

まず考えられるのは、委任者と葬儀会社との間であらかじめ葬儀の具体的内容や費用について生前予約契約を締結して取り決めておき、委任者の生前に葬儀費用等を葬儀会社に預けておくという方法である。ただ、

〈図表１〉　葬儀信託のイメージ

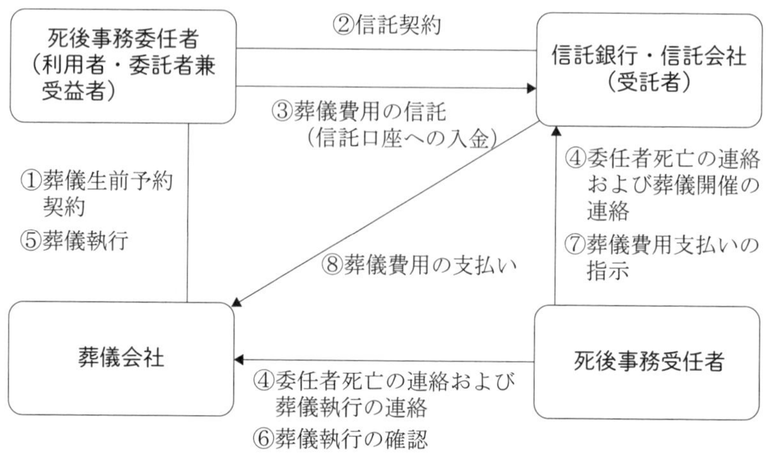

この方法をとった場合、万一その葬儀会社が倒産してしまうリスクを覚悟しなければならない。

そこで葬儀会社の倒産リスクを回避するために信託制度を利用する葬儀信託という方法を利用することが考えられる（〈図表１〉参照）。

この場合、葬儀執行前に葬儀会社が倒産した場合でも、委託者が信託した葬儀費用は保全される。また、信託銀行・信託会社が倒産した場合であっても、信託財産は受託者の債権者による強制執行の対象外であるため葬儀費用の保全を図ることができる（信託の倒産隔離機能[29]（信託法23条・25条））。

(8)　死後事務処理の報酬

死後事務委任契約も民法上の委任契約であるので、受任者が報酬を請求するためにはその旨の特約が必要となる（民法648条１項）。報酬額に

29　岡根昇「葬儀費用等の保全と信託」松川正毅編『新・成年後見における死後の事務――円滑化法施行後の実務の対応と課題』（日本加除出版・2019年）115頁～116頁。

ついても具体的な金額や計算方法を明示することが必要である（→条項例７条）。

また、原則として、報酬の請求時期は委任事務を終了した後となる（民法648条２項）ので、受任者は死後事務の終了後に委任者の相続人あるいは遺言執行者から、委任者の遺産より報酬を受けることとなる（→条項例７条）。

> 第７条（報酬）
> 甲は、乙に対し、本件死後事務の報酬として、金○○○円（消費税別途）を支払うものとし、本件死後事務終了後、甲の遺言執行者または相続人より、甲の遺産の中から支払うものとする。

委任事務処理に必要な費用に相当する金額を預かる際に報酬相当分も含めて預かっておけば、委任事務の終了後、その預かり金残額から清算することも可能だが、預かり金額が高額だとさまざまな問題が生ずるおそれがある（→本章第１Ⅱ６⑷）。

また、報酬の金額であるが、これは委任者の遺産から支出されることとなるので、相続人に大きな影響を与える。あまり多額の報酬となると相続人との間の紛争の元となるため、報酬額の決定においては死後事務の内容に応じた適正な報酬額を設定する必要がある。

⑼　遺言執行者としての死後事務処理費用・報酬の支払い

死後事務委任契約遂行に必要となる費用および報酬をどのように確保するかという点については、前述のとおり受任者に対する預託金をどのように扱うべきかという問題がある。

筆者としては、受任者に対する預託金については必要最小限度の金額にとどめるべきだという考えだが、死後事務委任契約といっしょに遺言も作成しておき、遺言執行者に指定を受ければ、遺言執行者として死後事務処理費用および報酬を自らに支払うことができる。死後事務受任者と遺言執行者を兼ねることは死後事務処理費用・報酬の確保に最も有効な手段であると考える。

Ⅲ　死後事務委任契約における委任事項（総論）

死後事務委任契約によって委託できる事項は、以下の要件を充足している必要がある。

①　遺言事項に該当しない事務であること

②　その他法令上事務を行う資格が限定されていない事務であること

本項では、この①および②についてみていくこととしよう。

1　遺言事項に該当しない事務であること

死後の財産処理のうち遺言事項に該当するものについては、死後事務委任契約によらず、遺言に定め、相続人なり遺言執行者なりが処理することとなる。遺言事項に該当しない死後の財産処理のみ死後事務委任契約において定めることとなる。

それでは、まずどのような事項が遺言事項とされているか（死後事務委任契約では委託できない事項なのか）を整理してみよう。

遺言事項とされているものは以下のとおりである。

〔相続に関する事項〕

①　推定相続人の廃除とその取消し（民法893条・894条２項）

②　相続分の指定、相続分の指定の第三者への委託（民法902条）

③　遺産分割の方法の指定、遺産分割の方法の指定の第三者への委託、遺産分割の禁止（民法908条）

④　遺産分割における共同相続人間の担保責任に関する別段の意思表示（民法914条）

⑤　負担付き遺贈の受遺者が放棄した場合についての指示（民法1002条２項ただし書）

⑥　負担付き遺贈の目的の価額減少した場合についての指示（民法1003条ただし書）

⑦　受遺者・受贈者による遺留分侵害額の負担についての指示（民法1047条１項２号）

〔相続以外の財産の処分に関する事項〕

①　遺贈（民法964条）

②　一般財団法人設立の意思表示（一般社団法人及び一般財団法人に関する法律152条２項）

③　信託の設定（信託法２条・３条２号）

④　生命保険金の死亡受取人の指定・変更（保険法44条・73条）

〔身分に関する事項〕

①　遺言認知（民法781条２項）

②　未成年後見人の指定（民法839条）

③　未成年後見監督人の指定（民法848条）

〔遺言の執行に関する事項〕

①　遺言執行者の指定および指定の委託（民法1006条１項）

②　遺言執行者の報酬の定め（民法1018条１項ただし書）

③　遺言執行者の復任権等（民法1016条１項ただし書・1017条１項ただし書）

〔解釈上遺言でできるとされている事項〕

①　特別受益の持戻しの免除（民法903条３項）

②　無償譲与財産を親権者に管理させない意思表示と管理者の指定（民法830条・869条）

③　祭祀の承継者の指定（民法897条１項）

ではなぜ、遺言事項に該当する事項について遺言によらずに死後事務委任契約の委任事項とすることを避ける必要があるのだろうか。それは、被相続人が死後も相続人の意思を拘束することができることの法的根拠は本来遺言に限定されるべきものであるからである。[30]

遺言は、本来相続人の自由意思に委ねられるべき相続財産の処分を制限することができる強い法的効力を有する。だからこそ遺言はあらかじめ法律で定められた様式や要件を満たしたものでなければ効力が生じず、また遺言で定めることができる事項も法律で限定されている。

仮に遺言に定めることができる事項であるにもかかわらず、死後事務委任契約において委任者と受任者との間で死後の相続人の意思を拘束する事項を定めることができるとすれば、遺言制度の根幹を揺るがすことにもなりかねない。死後事務委任契約は遺言によって対処することができない事務処理の問題を解決する手法である。

2　その他法令上事務を行う資格が限定されていない事務であること

たとえば、死亡の届出については戸籍法87条において届出ができる者が限定されている（同居の親族、その他の同居者、家主、地主または家屋もしくは土地の管理人、同居の親族以外の親族、成年後見人、保佐人、補助人、

30　後藤・前掲（注26）146頁～147頁。

任意後見人、任意後見受任者)。したがって、死後事務委任契約において死亡届の提出について委任事項としていたとしても、受任者という資格だけでの届出は受理されない。

また、弁護士法、税理士法、社会保険労務士法、宅地建物取引業法、行政書士法等の法令において他士業の独占業務として定められている業務に含まれる事項については、死後事務委任契約において委任事項と定めていたとしても無効となる（→本章第１Ⅲ３⑵)。

３　委任事項を検討するにあたっての留意点

⑴　遺言執行者、相続人が行うべき事務と明確に区別する

利用者の死後に行わなければならないと想定される事務は多種多様であるが、想定されるすべての事項を何でも死後事務委任契約に盛り込むことは避けるべきであり、遺言執行者や相続人に任せることができない事案において、受任者に処理させることが合理的である事項を内容とすべきである（→本章第１Ⅲ１）。特に葬儀の執行など相続人と衝突する可能性の高い事項を委任事項とする場合にはあらかじめ推定相続人の意向を確認するなど慎重な考慮が求められる。

また、遺言執行者が行うことができる事項については死後事務委任契約の締結と同時期に遺言書を作成しておき、遺言執行者に遂行させることができるような状況をつくるべきである（→本章第１Ⅱ５）。司法書士が受任者と遺言執行者として指定される場合には、その点を明確に区別しておくべきと考えられる。

⑵　他士業の独占業務に抵触しないよう注意する

委任事項が他の士業の独占業務に該当するものであれば、それは法律上無効ということとなる（→本章第１Ⅲ２）。

ここでは死後事務委任契約の締結にあたり、特に留意すべき弁護士法との関係について検討する。

弁護士法

第72条（非弁護士の法律事務の取扱い等の禁止）

弁護士又は弁護士法人でない者は、報酬を得る目的で訴訟事件、非訟事件及び審査請求、異議申立て、再審査請求等行政庁に対する不服申立事件その他一般の法律事件に関して鑑定、代理、仲裁若しくは和解その他の法律事務を取り扱い、又はこれらの周旋をすることを業とすることができない。ただし、この法律又は他の法律に別段の定めがある場合は、この限りではない。

弁護士法72条でいう「その他一般の法律事件」の解釈をめぐっては、同条に定める「その他の法律事件」について紛争性が生じていることが要求されるか否かや「法律事務」の範囲をめぐる見解の対立があるが、少なくとも、死後事務委任契約における委任事項について実際に紛争が顕在化している、あるいは将来的に紛争が具体化・顕在化する可能性が高い場合は、弁護士法72条に抵触するおそれがある。未回収債権の取立てを内容する委任事項は弁護士法違反とされる可能性は高いであろう。

最決平成22・7・20刑集64巻５号793頁では、弁護士資格等がない者らが、ビルの所有者から委託を受けて、そのビルの賃借人らと交渉して賃貸借契約を合意解除したうえで各室を明け渡させるなどの業務を行った行為に対して、次のように判示して、弁護士法72条違反の罪が成立するとした。

「被告人らは、多数の賃借人が存在する本件ビルを解体するため全賃借人の立ち退きの実現を図るという業務を、報酬と立ち退き料等の経費を割合を明示することなく一括して受託したものであるところ、このような業務は、賃貸借契約期間中で、現にそれぞれの業務を行っており、立ち退く意向を有していなかった賃借人らに対し、専ら賃貸人側の都合で、同契約の合意解除と明渡しの実現を図るべく交渉するというものであって、立ち退き合意の成否、立ち退きの時期、立ち退き料の額をめぐって交渉において解決しなければならない法的紛議が生ずることがほぼ不可避である案件に係るものであったことは明らかであり、弁護士法72条にいう『その他一般の法律事件』に関するものであったというべきである。そして、被告人らは、報酬を得る目的で、業として、上記のような事件に関し、賃借人らとの間に生ずる法的紛議を解決するための法律事務の委託を受けて、前記のように賃借人らに不安や不快感を与えるような振る舞いもしながら、これを取り扱ったのであり、被告人らの行為につき弁護士法72条違反の罪の成立を認めた原判断は相当である」。

委任契約締結時点では紛争が顕在化してはいないが、将来的に紛争が具体化・顕在化する可能性がある場合においても、どの程度の可能性が認められれば弁護士法に抵触するのかということが問題になるが、この決定では、「解決しなければならない法的紛議が生ずることがほぼ不可避」であるとする基礎事情が存在していたか否かというのを一つの基準としている。

もっとも、委任契約時点および業務遂行時点において上記の基礎事情が存在しているか否かの判断は難しい。日本司法書士会連合会は、遺産承継業務の受任遂行にあたっては、「紛争が顕在化するまでは業務を継続できるのだと考えて、徒に遂行し続けることは、司法書士が紛争に巻き込まれるおそれがあり、意に反して他士業の法令に違反してしまい、結局依頼者の利益を害する危険がある。そこで、紛争の顕在化に至っていないとしても、業務遂行の障害となる事情が生じたときには、委任契約を解除できる方途を残しておくのが業務遂行の姿勢としては望ましい」としている[31]。このことは、死後事務委任契約の締結および委任事務

31　日本司法書士会連合会・前掲（注18）12頁～13頁。

遂行にあたっても、そのままあてはまるといえるだろう。

Ⅳ　死後事務委任契約における委任事項（各論）

死後事務委任契約において委任事項とされることが想定される事務の範囲としては、主に以下の事項が考えられる。

①　遺体の引取り

②　葬儀の執行

③　火葬、埋葬

④　納骨、永代供養

⑤　生前債務の弁済

⑥　居室の明渡し

⑦　家財道具の処分

⑧　相続財産管理人の選任

⑨　その他

本項では、この①～⑨についてみていくこととしよう。

１　遺体の引取り

委任者が入所施設あるいは入院先の病院で死亡した場合に、委任者の遺体を誰が引き取るのかが問題となる。

施設入所あるいは入院契約の締結時において、委任者の「身元引受人」が存在する場合は当該身元引受人が施設との間の契約上の責任として、委任者の遺体を引き取る責任がある。「身元引受人」として施設に対して契約上負う義務の具体的内容は相手方たる施設や病院との間の合意内容によるが、ⓐ入所入院費用の支払保証、ⓑ死亡時の遺体引取り、ⓒ居室の明渡しの３点のすべてを身元引受人の義務とする内容となっているのが一般的である。

司法書士が委任者からの委託に応じて身元引受人となることは、特に上記ⓐの点において委任者と潜在的紛争関係に立つことから避けるべきと考えられている。

しかし、たとえば身寄りのない委任者が施設入所しようとする場合には、身元引受人となる者がいないという理由で施設入所に支障を来すおそれがある。介護保険法に基づく介護保険施設（介護老人福祉施設、介護老人保健施設、介護療養型医療施設）においては身元引受人がいないことを理由に入所を拒んではならないと都道府県の指導がなされているが、入所申込者が競合している場合の入所者の選定において、身元引受人のいない申込者は事実上不利に扱われるおそれがある。

このような場合において、委任者があらかじめ受任者との死後事務委任契約において上記ⓐの支払保証はできないまでも死亡時の遺体の引取りについて委任事項とされていることを入所にあたり施設側に提示することができれば、委任者に身元引受人が付いていない場合であっても、施設側も安心して委任者の入所を受け入れやすくなることが期待できる。

なお、遺体の引取りは、その後の死体の火葬・埋葬を行うための前提となる行為である。したがって、死後事務委任契約において火葬・埋葬に関する事務を委任事項とする場合には、遺体の引取りについてもセットで委任事項とする必要がある。

2　葬儀の執行

(1)　通夜・告別式を依頼する寺院の名称、費用の上限

委任事項に葬儀の執行を含める場合には、委任契約書において、通夜や告別式を依頼する寺院（所在地や連絡先を明示することによって特定する）の名称、費用の上限といった最小限の事項のみを定めることになるであろう（→条項例3条）。

第３条（通夜・告別式）

1　前条第１項の通夜および告別式は、甲に応分の会場で行う。

2　甲の通夜および告別式での読経は、次の寺に依頼する。

〇〇寺

所在

電話

3　前２項に要する費用は、金〇〇〇円を上限とする。

委任者に自分の葬式に対する細かな希望がある場合においても、死後事務委任契約においてそれを盛り込むのは適当ではない。

通夜や告別式を依頼する寺院や費用の上限額を定めないまま委任事項とすることのないようにしなければならない。

⑵　葬儀費用は誰の負担か

「葬儀費用は法律上誰の負担となるのか」という難しい問題がある。民法典においては葬儀費用の負担の問題はどこにも規定がなく、①喪主の負担とする見解、②相続人の負担とする見解、③相続財産の負担とする見解、④慣習に従うとする見解があるが、実際の事案においても判断はまちまちである[32]。

㋐　喪主の負担か

喪主の負担とする①説は非常に明快である。葬儀費用は喪主と葬儀業者との間の葬儀についての契約に基づいて発生する。喪主と葬儀業者という契約当事者間においては、葬儀の様式や規模、費用総額についてあ

32　小林寛治「【75】遺言書が作成されていない場合に葬儀費用を相続財産から支出できるのか？」「【76】遺言書の記載に従い葬儀費用を相続財産から支出できるのか？」遺言・相続実務問題研究会編『実務家が陥りやすい相続・遺言の落とし穴』（新日本法規出版・2018年）247頁～251頁。

らかじめ合意がされるわけであるから、自ら葬儀費用額を決定した喪主の負担とすべきという考えは、私的自治の原則からすれば理にかなっているようにみえる。葬儀業者の側としても具体的に誰に対して葬儀費用を請求するかということになれば、契約の相手方当事者である喪主に対して行わざるを得ないであろう。

(イ)　相続財産の負担か

ところが、喪主となる親族の側の意識としては、①説よりも③説のほうがより親和性があるのではないだろうか。

喪主側がそのような意識をもつ要因としては、ⓐいわゆる互助会のしくみでは加入者自身の葬儀のために掛け金を加入者が自らの財産で支払っていること、ⓑ葬儀の対象となる本人の意識としても、自らの葬儀費用については自らの財産から支出するのが相当である、という考えが広まっていること、ⓒ相続税の課税価額の算出において葬儀費用も生前債務と同様に被相続人の死亡時財産額から控除されるとされていること等があげられる。実際、相続人が複数人いる場合において、葬儀費用が相続財産から支出されたことが明らかな場合においてそのことについて喪主以外の相続人が争うといったケースは稀である、といってよいであろう。

では、本人が遺言書において葬儀費用を自らの相続財産から支出するよう記載していた場合はどうであろうか。この場合でも葬儀費用の支出については法律上の遺言事項ではないため、本人が遺言書にその旨を記載していたとしても、それによって葬儀費用の負担を確定させることはできない（もっとも、相続人に対する法的拘束力こそないものの、遺言書に付言事項としてその記載をしておく価値はあるといえよう）。

結局のところ、本人が生前に、自らの葬儀についての葬儀費用の問題について何らかの手を打っておくとすれば、葬儀の執行について死後事務委任契約を締結し、葬儀費用をあらかじめ信託するなどして、生前から自らの財産と葬儀費用相当額とを切り離しておくという作業がいちばん安全確実でないかと思われる。

葬儀とは、故人と親族・関係者との間の「最後のお別れ」の儀式であり、本人としては自らの葬儀費用の負担をめぐって親族間で紛争が生ずるという事態はやはり避けたいと考えるのが通常である。そのような懸念があるのであれば、本人に対するアドバイスとして、このような提案をすることが求められる。

3　火葬・埋葬

⑴　市町村による火葬・埋葬との関係

火葬や埋葬については、墓地、埋葬等に関する法律（以下、「墓埋法」という）という法律がある。

墓埋法９条１項においては、「死体の埋葬又は火葬を行う者がないとき又は判明しないときは、死亡地の市町村長が、これを行わなければならない」とされている。しかし、法定相続人が当然に「死体の埋葬又は火葬を行う者」に該当するわけではないし、また、実際には死亡地の市町村において迅速に同条項に基づく死体の火葬・埋葬およびその前提としての遺体の引取りを実施することを期待することはできない。市町村が事後に親族や相続人との間でトラブルが生ずることを警戒するからである。

また、委任者としても自分に身寄りがない場合において、あらかじめ特定の第三者（司法書士）に自身の遺体の火葬や埋葬を委ねたいこともあるだろうし、具体的な火葬や埋葬の方法や費用についてあらかじめ定めておきたいということもあるだろう。そのような場合には、死後事務委任契約において、火葬・埋葬について定めておくことは十分意味があるものと思われる。

(2)　墓埋法との関係

墓埋法は「墓地、納骨堂又は火葬場の管理および埋葬等が、国民の宗教的感情に適合し、且つ公衆衛生その他公共の福祉の見地から、支障なく行われること」を目的としている（同法１条)。したがって、たとえば、死後24時間以内での埋葬の禁止（同法３条)、執行にあたり市区町村長の許可が必要であること（同法５条)、墓地以外での埋葬および火葬場以外での火葬の禁止（同法４条）に抵触する内容の合意を行うことはできない。

墓埋法においては、「火葬」は、死体を葬るため、これを焼くこと（同法２条２項)、「埋葬」は死体を土中に葬ること（いわゆる「土葬」。火葬された焼骨を埋めることはこれにあたらない）とそれぞれ定義されている。もっとも、埋葬（土葬）については、これを禁止している地域がほとんどであり、火葬後の焼骨を埋めることがほとんどである。委任者が火葬ではなく埋葬（土葬）を希望している場合であっても、その場所が土葬が認められている地域か否かについて事前に調査する必要がある。

他方で、宗教的儀式を伴うか否かといった点については規制されていないため、その点については死後事務委任契約において具体的に定めることも可能である。

(3)　火葬・埋葬の方法・費用

死後事務委任契約において火葬・埋葬を委任事項に含める場合には、具体的な火葬・埋葬の方法や費用の上限について契約書で定めておくことも可能であるし、同時に委任者と葬儀会社との間で遺体の引取りから、火葬・埋葬、その後の葬儀・告別式も含めた生前契約を取り交わさせることにより、細かな点については当該契約に委ねるという方法も可能である。

また、火葬・埋葬に必要な費用についても、葬儀信託（→本章第１Ⅱ６(7)）の方法を用いることにより、葬儀費用とともに確保することができる。ただ、葬儀を伴わない火葬・埋葬のみを行うということを委任者側が希望した場合に葬儀会社や寺院がそれに応ずるか否かという問題もある。

4　納骨、永代供養

(1)　納骨や永代供養についての契約

死後事務委任契約において死後の納骨を委任事項とする場合、納骨後のことも考慮する必要がある。

火葬終了後の焼骨については、墓地に埋蔵される場合もあれば、納骨堂に納められる場合、さらには海や山といった場所で散骨されるという場合もある。

委任者の先祖代々の墓に納められる場合であっても民法897条にいう祭祀承継者がいなければ、その墓は無縁となり遺骨は無縁墓に合葬されることになる。

祭祀承継者はいないが無縁墓に入れられるのには抵抗があるという人は、生前に菩提寺院との間で永代供養契約を締結する。永代供養契約を一般化していうと、祭祀承継者のない人のために寺院が墓地や納骨堂を提供して、寺院の側で墓の管理や供養を永代にわたって行う契約ということになるだろう[33]。

ただ、一口に永代供養契約といっても法律上の概念ではないため、その契約内容はさまざまである。「永代」とは、墓地や納骨堂を管理経営する寺院が存続する限りというのが一般だが、契約内容によってはあらかじめ契約期間を定めておきその期間の満了によって他の墓に改葬されるというケースもある[34]。祭祀承継者のいない方については死後事務委任

33　長谷川正浩編著『寺院の法律知識――適正な運営と紛争の予防』（新日本法規出版・2012年）351頁。

34　長谷川編著・前掲（注33）353頁。

契約において納骨を委任事項とする必要があるだろう。その場合さらに永代供養に関する事務についても委任事項とするケースが一般的である。

死後事務委任契約において納骨および永代供養に関する事務を委任事項とする場合には、死後事務委任契約の前後において、委任者と寺院との間で納骨や永代供養についての契約を結んでおく必要がある。葬儀の執行の場合と同様に受任者は委任者が寺院との間で結んだ納骨および永代供養に関する契約内容の実現に必要な事務を行う。

ただ、委任者が寺院との間で生前に結ぶ納骨や永代供養に関する契約の内容は多種多様かつ複雑なものである。委任者が寺院との契約締結にあたって、その契約内容を十分理解し納得することができるよう、受任者側には委任者に対する適切な説明や助言することが期待される。そのためにも受任者側においても納骨や永代供養について最低限の基礎知識は有している必要がある。

そこで、以下では納骨や永代供養についての基礎知識について確認しておきたい。なお、宗教・宗派によって用語の定義や概念が異なるので留意されたい。

⑵　納骨および墓地に関する基礎知識

墓埋法においては、墓地や納骨堂について、あらかじめ都道府県知事（市または特別にあっては市長または区長）の許可を受けた区域や施設でないといけないとされている（同法２条５号・６号）。

墓埋法上の定義ではないが、一般に遺骨（焼骨）を納骨堂に納めることを「収蔵」といい、墳墓に納めることを「埋蔵」という。墓地については、墓地という土地の所有権は墓地経営についての許可を受けた者（多くは寺院）にあるのが原則である。その寺院が所有する墓地内における限定された区域を、遺骨を埋蔵するために使用する権利が「墓地使用権」で、民法897条にいう祭祀承継者が墓石の所有者であるとともに墓地使用権を有する者とされている。[35]

遺骨の収蔵および埋蔵が納骨ということになるが、いったん納骨された後も、それを供養し続ける祭祀承継者が必要となる。その祭祀承継者がいない場合に寺院に対しあらかじめ永代供養を依頼しておくわけだが、一口に納骨・永代供養の契約といっても契約内容は実にさまざまである。

まず、納骨については遺骨を収蔵するのか埋蔵するのか。埋蔵の方法を希望するのであれば既存の先祖の墓石に埋蔵を希望するのか、新たに墓石を建てるのかも決める必要がある。当然ながら墓石を建てるのであれば墓石も購入しなければならない。さらに、納骨および供養の対象についても自分一人での納骨・供養なのか、配偶者も含めてなのか、自分の先祖すべてを対象とするのか、という違いもある。また、「永代」供養といっても、あらかじめ使用期間を定めておき、その期間満了後（たとえば三十三回忌終了まで）は墓地を返還するという特約が付く場合もある[36]。

墓石を建てるのか否か、自分一人だけが対象になるのか否か、使用期間の有無や長短といった契約条件によって当然寺院に支払うべき費用は異なってくる。死後事務委任契約の委任者だけでなく受任者も、委任者が寺院との間で締結する生前契約の具体的内容について十分に理解しておく必要がある。

5　生前債務の弁済

⑴　問題の所在

わが国の相続法においては被相続人が生前有していた債務（いわゆるマイナス財産）については、相続の発生と同時に積極財産（いわゆるプラス財産）と同様、事前に清算されることなく当然に相続人に帰属されるといういわゆる「当然包括承継主義」が採用されている。また、相続人

35　長谷川編著・前掲（注33）331頁～332頁。
36　長谷川編著・前掲（注33）353頁～357頁。

が複数存在する場合は可分債務は当然分割されて、遺産分割は必要とされないとするのが判例の理論である。

したがって、たとえば被相続人が生前有していた債務については、相続人がその相続分に応じて自己に帰属した債務額に限って債権者に対して弁済を行うというのが原則となる。

しかし、このような扱いは相続債権者（特に未払いの公共料金や入院費、施設利用料といった少額の債権の債権者）にとっては、債務の弁済を受けるにあたって大変な不自由を強いられることになる。相続人が複数いる場合にはすべての相続人に分割された債権額を請求しなければならなくなる。相続債権者とすれば債権の引当てとして相続財産全体に着目しているので、共同相続人による遺産分割がなされる前に相続財産全体から債権の回収を図りたいと考えるのが通常である。もちろん被相続人から生前に敷金、保証金などの名目で一定額の金銭を預かっておき、被相続人の死亡後に相続人への引渡しに先立って未払い施設利用料と相殺する、あるいは保証人から回収を図るといった措置も考えられるが、何らかの事情によりそれらの事前措置を被相続人との間でとれないという事情も考えられる。病院や施設など委任者の死亡後に未払い債権を有する可能性が高い債権者側にとって、委任者の死亡後の債権の回収が図られない可能性が残れば、病院施設側にとっても入院・入所手続に慎重にならざるを得ず、特に身元引受人や保証人を確保できない身寄りのない委任者の場合、入院・入所手続をスムーズに進めることができないという不利益が生じることが懸念される。

このような事態に備えて、委任者の死亡後の病院・施設利用料や医療費、賃料、公共料金の支払いの事務を死後事務委任契約の委任事項としておけば、これらの問題に対応することが可能となる。

ただ、委任者の生前債務の支払いを委任事項とするにあたっては、あらかじめ次の問題について念頭においておく必要がある。

第一は、委任者が遺言を遺しておく場合にそれらの債務弁済について遺言書に記載しておくことができるのかという問題である。

第二は、受任者による死後の未払債務の弁済が、相続人による相続放棄を行う場合の支障にならないかという問題である（→本章第１Ⅱ４）。

第三は、死後事務委任契約において生前債務の支払いを委任事項とする場合に支払いの対象とする債務の種類に限定を設ける必要があるかという問題である。

⑵　遺言との関係

死後事務委任契約における委任事項については、遺言事項に該当しないものであることが必要となる（→本章第１Ⅲ１）。

では、生前の債務の弁済について遺言で定めることはできるのだろうか。

大判大正６・７・５民録23輯1276頁は、単に不動産を売却して債権者に対して債務の弁済をすることを遺言執行者に委託する遺言の効力が争われた事例について、受遺者に債務のみを負わせる遺言は遺贈ではないとし、法定事項以外である債務の弁済を委託する遺言は無効であり、遺言執行者による債務の弁済のためになされた不動産の売却も無効であると判示している。

他方で、実務では、いわゆる清算型遺贈（遺言者の有する全財産あるいは特定の財産を換価処分し、その換価代金をもって遺言者の負債を弁済したうえでの残金を遺贈するといった内容のもの）について定めた遺言も広く用いられている。このような清算型遺贈の遺言の効力について、大判昭和５・６・16民集９巻550頁は有効と判示している（ほかに東京高判平成15・９・24金法1712号77頁）。

遺言に負債の相続および弁済についての文言があっても、これに加えて弁済後に残ったプラス財産を相続（遺贈）させる文言があれば全体として遺言の効力を認めるというのが判例の立場のようである。学説では、いわゆる清算型遺贈について定めた遺言の効力につき、遺産分割方法の指定に該当すると解釈して有効とする見解もあれば負担付き遺贈として捉えて有効とする見解もある。ただ、いずれにしても債務の弁済のみを遺言で定めたという場合には、法定事項以外について定めた遺言であるとして無効とされるという点では判例・学説においても争いがないようである[37]。

したがって、死後事務委任契約の締結にあたり生前債務の支払いについて委任事項を定めるか否かを検討するにあたっては、利用者が別途遺言書を作成し、いわゆる清算型遺贈についての文言を付している場合には事務が競合することになる。この場合、死後事務委任契約は相続人側から解除されるリスクが伴う一方、遺言執行者は民法1013条の規定により相続人の意思に反しても遺言内容を実現しなければならない独立した権限を有しているため、委任事項には入れずに遺言によって遺言執行者による処理に委ねるのが妥当であると思われる。

(3)　弁済の対象となる債務の範囲

死後事務委任契約において生前債務の弁済を委任事項とする場合、弁済の対象とする債務の範囲については、一定程度限定しておく必要があるだろう（→条項例２条１項６号）。

> 第２条（委任事務の範囲）
>
> １　甲は、乙に対し、甲の死亡後における次の事務（以下、「本件死後事務」という。）を委任する。
>
> ①～⑤　（略）
>
> ⑥　医療費、入院費、老人ホーム等の施設利用料、甲が居住し

37　遺言と債務弁済についての学説と判例の状況については、松川正毅「相続における債務の清算と遺言」名古屋大学法政論集254号（2014年）945頁以下を参考とした。

ていた居室の賃貸料、公共料金の支払い
⑦〜⑫　（略）
2　（略）

相続人の相続放棄に及ぼす影響については前述したが（→本章第１Ⅱ４）、債務の弁済が法定単純承認の効力を生ずるか否かにかかわらず、住宅ローン等の高額かつ支払期間が長期にわたるような債務については相続人の判断に委ねるのが賢明である[38]。相続人不存在の場合や相続人と連絡がとれない場合に対する対応も含めて、相続財産管理人の選任申立てについても委任事項に加えておくことが必要であろう（→条項例２条１項11号）。

第２条（委任事務の範囲）
1　甲は、乙に対し、甲の死亡後における次の事務（以下、「本件死後事務」という。）を委任する。
①〜⑩　（略）
⑪　相続財産管理人の選任申立手続
⑫　（略）
2　（略）

弁済の対象となる債務の範囲について「生前に生じた一切の債務」と定めてしまうと、受任者にとって当初想定していなかった債務が委任者の死亡後に判明した場合の対応に苦慮することとなるので注意が必要で

38　成年後見人の死後事務としての、住宅ローン等の債務者本人死亡後の支払いと相続財産管理人選任申立ての問題については、石田頼義「住宅ローンの支払」松川正毅編『新・成年後見における死後の事務——円滑化法施行後の実務の対応と課題』（日本加除出版・2019年）158頁〜161頁に詳しく記載されており、死後事務委任契約においても参考となる。

ある。

6　居室の明渡し

⑴　問題の所在

死後事務委任契約の委任者がその死亡時点において、賃貸アパート・マンション、高齢者・障がい者施設等に入居していた場合に、賃借家屋の相続人が引き続き入居する場合を除いて居室を明け渡す必要が出てくる。施設入所や入院の場合において身元引受人が存在する場合には、基本的には当該身元引受人が居室の明渡しの責任を負うと定められていることが多いと思われるが、身元引受人がいない場合であっても、死後事務委任契約において居室の明渡しについて委任事項に定められていれば、施設側・病院側も安心して身寄りのない（身元引受人がいない）人を受け入れることができる。これは、遺体の引取りや生前債務（未払い入院費・施設利用料）の弁済とともに、身元引受人のいない利用者の受入れにあたっての施設・病院側の不安を払拭する有効な手段となる。

ただ、居室の明渡しの前提として、委任者が生前、病院・施設・賃貸マンションで締結していた入院契約・入所契約・賃貸借契約が終了している必要がある。委任事務の委任者の死亡によりこれらの契約が当然に終了しているのか、それとも別途解約の手続が必要となるのか、別途解約の手続が必要であるという場合には、死後事務委任契約の受任者が解約の手続を行えるのかという問題がある。そこで、受任者による解約の可能性とその相当性、委任者の死亡によって当然解約とするための方法、本人の死亡時の居室の類型別の注意点について、順次みていくことにする。

⑵　委任者による解除の可能性とその相当性

委任者が入居している居室について交わした賃貸借契約の地位は、委任者の死亡により委任者の相続人が承継するのが原則である。

ただ、死後事務委任契約については委任者の死亡によっても当然には終了しない以上（→本章第１Ⅱ３）、委任契約において賃貸借契約の合意解除を含めた居室の明渡しが委任事項とされていれば、受任者としては委任契約上の地位に基づいて賃貸借契約の合意解除を行うことは理論的には可能であると考える。

ただ、理論的には可能であったとしても、受任者による賃貸借契約の解除は、賃借権という財産権の放棄（処分）としての意味合いを有する以上、法定単純承認としての相続財産の「処分」に該当するおそれがあるから（→本章第１Ⅱ４(5)）、相続人との関係で、相続放棄が検討される場合においては、なるべく受任者が合意解除を行うという事態が回避されることが望ましい。

(3)　入居者死亡による契約終了特約の有効性と終身建物賃貸借制度

それでは、委任者の生前において、あらかじめ賃貸人との間で、委任者（賃貸人）の死亡を賃貸借契約終了の原因とする旨の特約を結ぶことは可能なのであろうか。

このような特約については、建物賃貸借契約の更新等について定めた借地借家法の規定に反する建物賃借人に不利な特約（借地借家法30条）として、また、消費者契約法10条に定める消費者の利益を一方的に害する条項として無効とされるおそれがある。

しかし、賃借人の死亡によって賃借権が例外なく相続人に承継されるとなると、単身（あるいは夫婦）の高齢者世帯が賃貸住宅に入居したくとも、死亡後のことを懸念する家主側から入居を断られるという事態が生じかねない。そこで、高齢者単身・夫婦世帯が、終身にわたり安心して賃貸住宅に居住できるしくみとして、2001年に、高齢者の居住の安定確保に関する法律に基づく終身建物賃貸借制度が、借地借家法の特約として創設された。

終身建物賃貸借制度は、都道府県知事の認可を受けた賃貸事業者が、賃借人が死亡することによって賃貸借契約が終了する（賃借権が相続されない）契約を賃借人との間で締結することができるというものである。賃貸物件が段差のない床や手すりが設置されている等のバリアフリーのための一定の基準に適合していることが主な認可の要件となるが、入居者は60歳以上の高齢者であること（同居する配偶者については60歳未満でも可）といった要件が満たされれば終身建物賃貸借の利用が可能となる。サービス付き高齢者向け住宅（いわゆる「サ高住」）もその一例である。

したがって、委任者の入居している物件が終身建物賃貸借契約に基づくものであれば、委任者の死亡によって賃貸借契約は自動的に終了することとなる。

⑷　本人死亡時の居室の類型別による検討

㋐　入院・施設入所の場合――入院契約や施設入所契約の扱い

病院への入院や介護施設（特別養護老人ホーム、介護老人保健施設、有料老人ホーム等）への入所の場合、入院契約や施設入所契約は入院患者・入所者本人の死亡によって当然に終了するとされるのが一般的である[39]。

入院や介護施設入所の場合は、入院者・入居者は、医療や介護サービスとともに居室・共有スペースを「利用する」権利という民法上の賃借権とは異なる権利を病院や介護施設に対して有していると考えられる。

したがって、本人死亡時の居室が病院や介護施設の場合には、死亡による賃借権の承継という問題は生じない。

㋑　賃貸アパート・マンションの場合――賃貸借契約の扱い

賃貸アパートや賃貸マンションの場合、死亡した委任者の有していた居室の利用権は民法上の賃借権である。

したがって、死後事務委任契約の委任者が、賃貸住宅にこれから入居

39　山岸憲一「居住空間の明渡し」松川正毅編『新・成年後見における死後の事務――円滑化法施行後の実務の対応と課題』（日本加除出版・2019年）139頁。

しようとする場合、あるいはすでに入居しているという場合には、すでになされている、あるいはこれからなそうとする賃貸借が終身建物賃貸借か否かの確認が必要である。委任者の居室の利用が終身建物賃貸借契約に基づくものでない場合には、同契約に基づく賃貸物件への転居の検討も必要ということになろう。

(5)　電気・ガス・水道等の解約

賃貸アパートや賃貸マンションの場合、居室の明渡しと同時に当該居室にかかる電気・ガス・水道等の供給契約の解除が問題となる。

電気・ガス・水道の解約の場合、契約をそのまま継続させて無意味な支払いの発生を止めるという意味では、相続財産の保存行為と評価できるので、民法921条の法定単純承認の効力を生じさせるものではないと考えられる。

電気・ガス・水道等の解約については基本的に紛争性はないものと思われ、受任者が賃貸人や供給事業者に対し、委任者（賃借人）死亡の事実を伝えて事実上の供給停止を行うという対応になるものと考えられる。[40]

7　生活用品や家財道具の処分

(1)　問題の所在

死後事務委任契約において委任者の生活用品や家財道具の処分についても委任事項として定めることが必要となる主な場面は、委任者が賃借家屋や施設、病院で死亡した場合の居室の明渡しをする場合において居室内の私物を撤去しなければならないときである。

本来、委任者が生前有していた私物はその財産的価値のいかんにかかわらずその所有権は相続人に帰属するため、本来は相続人に引き渡すべきものである。しかし、相続人が疎遠で私物の引渡しに時間がかかる場

40　山岸・前掲（注39）139頁。

合など、居室の明渡しを実際に行う受任者は居室内から撤去した私物をその間保管しなければならないとすれば、保管費用というコストが発生する。委任者の私物について換価したり廃棄したりすることが可能であれば、迅速な居室の明渡しも可能となる。

しかし、死後事務委任契約において委任者の私物の処分を委任事項に加える場合には、いくつかの点で注意が必要となる。

⑵　生活用品や家財道具の処分の形態別による検討

生活用品や家財道具の処分を委任事項とした場合、その委任事務の履行には三つの形態が考えられる。

㈠　個々の処分の方法を受任者が決定する形態

1つ目は、受任者が委任者の死亡後に、居室内の個々の生活用品や家財道具ごとに処分の方法（売却や廃棄の区分け。売却の場合は売却先と売却金額について）を決定するというものである。

受任者が委任者の死亡後に自らの主体的判断に基づき委任者の居室内の家財道具の処分行為を行う。遺品整理業者を利用する場合においても、業者との契約は受任者が行う。

この場合は、受任者は委任者の相続人の代理人という立場で処分行為を行うわけなので、処分行為が法定単純承認事由としての民法921条1号にいう「処分」として、相続人の相続放棄の機会を奪う結果になるおそれがある（→本章第1 II 4⑹）。

㈡　廃棄処分についての生前契約の履行を受任者が見守る形態

2つ目は、委任者があらかじめ遺品整理業者との間で自身の死亡後における家財道具の廃棄処分について生前契約を結んでおいたうえで、受任者は委任者と遺品整理業者の生前契約の履行がきちんとされているかどうかを見守るのみというものである。

居室内の個々の生活用品や家財道具の廃棄処分の方法については、遺品整理業者が委任者との生前契約に基づき決定するのであって、受任者が自らの主体的判断で決定するわけではないため、法定単純承認事由の問題を回避することができると思われる。

死後事務委任契約の締結にあたっては、葬儀の執行の場合と同様、あらかじめ委任者と遺品整理業者との間で生前の遺品の廃棄処分に係る契約が締結されている必要がある。業者に支払う費用についても高額になることが予想されるので、受任者があらかじめ預かったり、また支払いを済ませておくことも必要となるだろう。

㈦　所有権放棄をする形態

３つ目は、所有権放棄についての検討である。

賃貸借契約に「賃貸借終了時において、本物件内の動産については所有権を放棄し、賃貸人が任意に処分をしたとしても一切異議を述べない」との特約を追加することも考えられる。

この場合、動産を処分するのは賃貸人であるから、法定単純承認事由の問題を回避することができる。ただ、賃貸人からあらかじめ敷金とは別に動産の廃棄費用の預託を求められることが予想される。

8　相続財産管理人の選任

死後事務委任契約に基づいて事務処理を行った受任者は、委任者の相続人に対し、事務処理の報告、保管している物品の返還、残った預託金の返還などの残務処理を行う必要がある。

しかし、委任者の相続人が初めから存在しない場合、死後事務委任契約締結時は存在していたものの、死亡や相続放棄により事後的に相続人不存在となる場合、さらには、存在が確認できるものの行方不明の場合もあれば相続人間で遺産分割の協議がまとまらない等の理由で残務処理ができない場合も想定される。

そのような場合に備えて、委任事項の中に明示的に相続財産管理人（または不在者財産管理人）の選任申立事項を設けておくことが、委任者に対しての説明という点においては有益である。

死後事務委任事項によっては契約締結時点には予測できなかったような事情の変化により（たとえば、委任事項に関し事後的に紛争が生じた場合や、相続財産をめぐって複数の相続人間に紛争が生じた場合など）、受任者にそのまま事務処理をさせるよりも相続人や相続財産管理人の処理に委ねたほうが適当なケースもある（→本章第１Ⅲ３）。

相続財産管理人の選任審判申立てができるのは、相続人間の紛争が発生した場合など、相続人への財産の引継ぎが困難な場合（民法918条２項）、相続人不存在の場合（同法951条・952条）である。委任者の相続財産を事実上管理している受任者も、利害関係人として相続財産管理人の選任審判申立てをすることが可能である。

Ⅴ　遺言執行者についての相続法改正と死後事務委任契約

１　改正の概要

2018年７月の「民法及び家事事件手続法の一部を改正する法律」（平成30年法律第72号）の成立に伴い、民法の相続法に関する規定の一部改正が施行されているが、遺言執行者に関する規定についても2019年７月から施行されている。

ここでは、今般の相続法改正の中の遺言執行者に関する規定の改正について、死後事務委任契約との関係に絞って述べることとする。

遺言執行者に関する規定の改正といっても、従来から判例や実務上遺言執行者の権限や義務とされてきた事項について、それらを条文上も明文化することに主眼がおかれた改正といえる。

具体的には、遺言執行任務開始時における遺言内容の相続人への通知義務（民法1007条２項)、受遺者による遺贈の履行請求の相手方となる資格の明示（同法1012条２項)、遺言の内容を知り得ない善意の第三者の取引の安全確保に関する規定（同法1013条２項・３項）などである。登記実務としては、従来遺言執行者に認められていなかった権限の付与という点ではいわゆる「相続させる旨の遺言」に基づく相続を原因とする所有権移転登記申請の申請権限が遺言執行者にも認められるようになった（同法1014条２項。令和元・6・27民二第68号法務省民事局長通達）ことがあげられる。

2　死後事務委任契約との関係

その中で死後事務委任契約との親和性という点において大きな意味があるといえるのが民法1012条１項と1015条の改正である。

⑴　遺言執行者の権利義務

遺言執行者の権利義務について定めた民法1012条１項においては、「遺言執行者は、遺言の内容を実現するため、相続財産の管理その他遺言の執行に必要な一切の行為をする権利義務を有する」（下線は筆者による）と規定し、「遺言の内容を実現するため」という文言を入れることによって、遺言内容の実現が遺言執行者の責務であることを明確化した。

⑵　遺言執行者の法的地位

遺言執行者の法的地位について定めた民法1015条について、改正前の条文は「遺言執行者は、相続人の代理人とみなす」とのみ規定されていた。

「代理人」ということになれば、本来代理人は代理される本人の利益を第一に考えて代理行為を行わなければならないはずだが、遺言執行者の場合、むしろ遺言の内容を実現するにあたって相続人の利益と衝突する場合が少なくない。そういった実情の中で、最判昭和30・5・10民集９巻６号657頁は、「遺言執行者の任務は、遺言者の真実の意思を実現するにあるから、民法1015条が、遺言執行者は相続人の代理人とみなす旨規定しているからといって、必ずしも相続人の利益のためにのみ行為すべき責務を負うものとは解されない」と判示した。

こうした中で、今般の改正により、民法1015条では、「遺言執行者がその権限内において遺言執行者であることを示してした行為は、相続人に対して直接にその効力を生ずる」と規定されるに至った。

遺言執行者の行為の効果が相続人に帰属するという点では、旧規定のとおり遺言執行者は「相続人の代理人」であるのかもしれないが、遺言内容の実現が遺言執行者の責務であるということを明確化することによって、遺言執行者は遺言者の意思の実現がその任務であるということが明らかとなった。

3　死後事務委任契約の受任者と遺言執行者

民法1012条１項と1015条の改正は、死後事務委任契約における受任者の責務が、相続人の利益よりも委任者の意思の実現にあるという点と軌を一にするものといえよう。死後事務委任契約の受任者と遺言執行者は、共に委任者（遺言者）の死亡後においても生前の意思を実現するという点ではその責務は共通しており、死後事務委任契約と遺言は、いわば「車の両輪」という関係になろうとしている。

第２

法定後見人の死後事務に関する法的論点の整理

Ⅰ　はじめに

「死後事務」というと、本章第１で述べてきた、判断能力の十分な委任者からの依頼に基づく死後事務と、法定後見人（成年後見人・保佐人・補助人）の本人死亡後の死後事務がある。

前者は契約に基づくものであり、後者は法令に基づくものである。

そこで、本項においては、法定後見人の死後事務について、死後事務委任契約による場合と比較しながら確認していく。

Ⅱ　成年後見人の死後事務の法的根拠

１　応急処分義務

⑴　応急処分義務とは

民法654条においては、「委任が終了した場合において、急迫の事情があるときは、受任者又はその相続人若しくは法定代理人は、委任者又はその相続人若しくは法定代理人が委任事務を処理することができるに至るまで、必要な処分をしなければならない」と規定しており、同条は後見事務の終了にあたっても準用されている（同法874条）。

すなわち、成年後見人は成年被後見人等本人の死亡によってその後見人としての権限を失うが、本人の相続人（その他遺言執行者や相続財産管理人等の法定代理人）にその相続財産を引き渡すまでの間、「急迫の事情があるとき」は「必要な処分」を行う義務を負っているということになる。

⑵　民法873条の２との比較

2016年10月の「成年後見の事務の円滑化を図るための民法及び家事事件手続法の一部を改正する法律」（平成28年法律第27号）による民法873条の２の施行までは、成年後見人の死後事務の法的根拠としては、もっぱらこの応急処分義務と事務管理（→本章第２Ⅱ２）が用いられてきた。

民法873条の２が施行されて以降も、この応急処分義務を根拠とした死後事務が認められる範囲は縮小したわけではない。後述のとおり、民法873条の２を根拠に認められる死後事務の範囲は限定されたものであり（→本章第２Ⅱ３）、同条でカバーできない死後事務についても応急処分義務を根拠に許容されるものがある。

⑶　死後事務委任契約との比較

もっとも、この応急処分義務の趣旨は、「委任が終了したものとして受任者が事務の処理を中止すれば、委任者は不測の損害を受けることになり、また、事務処理に必要な書類等はすべて受任者の手中にあることが多く、また、受任者が遠隔の地にある場合は、委任者においてただちに事務を処理することは困難であり、委任の事務処理が委任の終了によって中断し、それが委任者の不利益となるときは、受任者は債務を完全に履行したとはいえないために、急迫の事情がある場合に受任者側の応急措置義務（善処義務）を定めた」というものである。[41]

したがって、民法654条で応急処分義務の要件として要求されている

「急迫の事情」は「委任者（本書でいう相続人等）への引継ぎを待てないほど緊急性のある事務（こうした引継ぎを待っていては何らかの損害が発生するおそれがある場合）に限定して理解する必要がある」とされている[42]。

このように応急処分義務についてはその範囲がおのずと相続人等の利益保護という目的にかなうものとして限定的に解されるのに対し、死後事務委任契約における受任者の権限は委任者の意思を最も尊重するものなので「急迫の事情」も要件とならない。

したがって、委任者の相続人による事務処理が可能な段階であったとしても受任者の事務処理権限は継続することとなるとともに、場合によっては相続人の利害と対立する事務処理となることも十分あり得る。

なお、成年後見人が行う死後事務のうち、応急処分義務の履行として行ったものについては、裁判所の報酬付与の対象になると考えられている。死後事務委任契約においても受任者の報酬が一般的には予定されているものであり、報酬の点において両者は共通しているといえるだろう。

2　事務管理

(1)　事務管理とは

民法697条１項は、「義務なく他人のために事務の管理を始めた者は、その事務の性質に従い、最も本人の利益に適合する方法によって、その事務の管理をしなければならない」と規定している。

留守にしていた隣家の窓ガラスが割れてしまったために、隣人が隣家に立ち入り急場しのぎの修繕を行った場合を例にあげると、隣家に無断で立ち入り修繕する隣人の行為は、本来なら不法行為（民法709条）に該

41　幾代通＝広中俊雄編『新版注釈民法⒃債権７』（有斐閣・1989年）298頁〔中川高男〕。

42　上山泰『専門職後見人と身上監護〔第３版〕』（民事法研究会・2015年）201頁。

当するが、この事務管理の適用によって行為の違法性が阻却されるという効果が生じる。

⑵　応急処分義務や民法873条の２との比較

成年後見人の死後事務のうち、応急処分義務（→本章第２Ⅱ１）や民法873条の２（→本章第２Ⅱ３）の適用要件を欠く場合であっても、この事務管理を法的根拠として、当該死後事務が正当化される場合がある。

もっとも事務管理においては、その法的効果という面で、主に次の点で応急処分義務や民法873条の２の適用される場合と異なる。

第一は、事務管理者には本人（相続人）の代理権は認められないという点である[43]。したがって、事務管理者が第三者と法律関係に入る場合は、あくまで事務管理者と第三者間の法律関係ということになるから、管理者はその事務管理に要する費用を自己の財産から支出（立替え）せざるを得ない（民法702条１項に基づき事後的に本人に対し費用の償還請求をすることになる）。

第二は、現行法上は事務管理の場合、報酬請求権が生じないとされている点である[44]。報酬請求権がないにもかかわらず事務管理者には、善管注意義務、通知義務（民法699条）、報告義務（同法701条・645条）などさまざまな法的義務がある。

死後事務委任契約による受任者の権限との主な違いは、事務管理の場合は相続人による事務処理が可能になるまでの期間に限り認められる点、管理者は相続人の意思に反して管理を継続することができない点、管理者は相続人の利益に反する管理はできないという点があげられる。応急処分義務の場合と同様、あくまで相続人の利益を守るための死後事務で

43　上山・前掲（注42）204頁、田中利勝「死後事務と事務管理」松川正毅編『新・成年後見における死後の事務――円滑化法施行後の実務の対応と課題』（日本加除出版・2019年）258頁。

44　上山・前掲（注42）204頁、田中・前掲（注43）259頁。

あるという点で、死後事務委任契約の場合とその目的が大きく異なる。

3　民法873条の２に基づく死後事務

2016年に新設された民法873条の２は、次のように規定されている。

（成年被後見人の死亡後の成年後見人の権限）
第873条の２　成年後見人は、成年被後見人が死亡した場合において、必要があるときは、成年被後見人の相続人の意思に反することが明らかなときを除き、相続人が相続財産を管理することができるに至るまで、次に掲げる行為をすることができる。ただし、第３号に掲げる行為をするには、家庭裁判所の許可を得なければならない。
一　相続財産に属する特定の財産の保存に必要な行為
二　相続財産に属する債務（弁済期が到来しているものに限る。）の弁済
三　その死体の火葬又は埋葬に関する契約の締結その他相続財産の保存に必要な行為（前２号に掲げる行為を除く。）

民法873条の２は、成年後見人の死後事務が応急処分義務や事務管理といった必ずしもその範囲が明確とはいえない状況下で求めに応ぜざるを得なかったという実務上の問題に対して一定の立法的解決を与えるものである。ここでは、その内容について確認する。

(1)　民法873条の２柱書

民法873条の２は、法定後見の後見類型にのみ適用されるものとされており、法定後見の保佐類型、補助類型および任意後見は適用の対象外とされている。成年後見人と異なり包括的な代理権を有していない保佐人や補助人に広汎な死後事務の権限を与えるのは相当でないというのが

立法担当者の説明である。[45]

民法873条の２が適用されるための要件として、相続人の意思に反しないこと、相続人が相続財産を管理することができるまでの期間に限ること、が定められている。

相続人不存在や存否不明、相続人の所在不明や連絡不能といった事情があっても「相続人の意思に反することが明らか」とはされない。

また、「相続人が相続財産を管理することができるまでの期間」というのは、具体的には、成年後見人による相続人への相続財産引渡し時までとされている。[46]

⑵　民法873条の２第１号

民法873条の２第１号の「相続財産に属する特定の財産の保存に必要な行為」の例として、相続財産に属する債権についての消滅時効を更新させる行為や、相続財産に属する家屋の雨漏りの修繕行為があげられている。[47]

⑶　民法873条の２第２号

民法873条の２第２号の「相続財産に属する債務（弁済期が到来しているものに限る。）の弁済」の例として、成年被後見人の生前の医療費と入院費および公共料金の支払いがあげられている。[48]

ここで具体例としてあげられている債務は、いずれも成年被後見人の生前に発生した債務であるが、それでは成年被後見人の死亡後相続人への引渡しまでの間に発生した債務（たとえば、民法873条の２第３号の許

45　大塚竜郎「『成年後見の事務の円滑化を図るための民法及び家事事件手続法の一部を改正する法律』の逐条解説」家庭の法と裁判７号77頁。

46　大塚・前掲（注45）81頁。

47　法務省ウェブサイト「Q&A」〈http://www.moj.go.jp/MINJI/minji07_00196.html〉。

48　法務省ウェブサイト「Q&A」〈http://www.moj.go.jp/MINJI/minji07_00196.html〉。

可に基づいて締結された火葬契約に基づく費用の支払い）も、同条２号にいう債務に含まれるのだろうか。この点については条文上明確ではないが、学説では、同条２号の債務は、成年被後見人が生存中に負った債務の弁済についてのみを対象としており、成年被後見人の死亡後から遺産分割までに生じた債務の弁済は同条３号の許可の対象とされるとする見解がある[49]。

⑷　民法873条の２第３号

民法873条の２第３号の「その死体の火葬又は埋葬に関する契約の締結その他相続財産の保存に必要な行為（前２号に掲げる行為を除く。）」については、家庭裁判所の許可が必要とされている。

ここでいう「その他相続財産の保存に必要な行為」については、民法873条の２第１号の「相続財産に属する特定の財産の保存に必要な行為」との違いが必ずしも明確ではないが、具体例として、管理していた動産類の寄託契約（トランクルームの利用契約等）の締結、成年被後見人の居室に係る電気・ガス・水道等の供給契約の解約、債務を弁済するための預貯金（成年被後見人名義）の払戻し等があげられている[50]。そのほか、家庭裁判所の許可の対象となる事務の具体例については後述する（→本章第２Ⅲ１）。

Ⅲ　法定後見人の死後事務の範囲

以上、法定後見人の死後事務の法的根拠について確認したが、次に、具体的に行える死後事務の内容とその法的根拠について、死後事務の類

49　松川正毅「死後事務に関する改正法（民法873条の２）について」松川正毅編『新・成年後見における死後の事務——円滑化法施行後の実務の対応と課題』（日本加除出版・2019年）10頁。

50　法務省ウェブサイト「Q&A」〈http://www.moj.go.jp/MINJI/minji07_00196.html〉。

型ごとに確認していくこととする。

1　成年後見人の死後事務の範囲

法定後見の後見類型（成年後見人）について、死後事務の類型ごとにその事務を行えるか否かについて、一覧表にして整理した（〈図表2〉参照）。

なお、この表は縦の軸に具体的に想定される死後事務の種類を、横の軸にその法的根拠を列挙している。当該事務を行うことができ、その法的根拠となり得る場合に「〇」と表示し、原則的には行えないが一定の例外的な場合には認められる可能性がある場合を「△」と表示した。たとえば、火葬・埋葬については、応急処分義務・事務管理・民法873条の2第3号が行う際の法的根拠になり得るということで、その欄の下部に「〇」を表示している。

まず、2016年の民法873条の2の施行後においても、それ以前から事務の根拠とされてきた応急処分義務や事務管理が、引き続き死後事務の根拠となり得るということを確認しておく。

民法873条の2についての立法担当者の解説においては、「成年後見人が裁判所の許可を得ないで本条3号に該当する行為（例えば、火葬に関する契約の締結）をした場合には、無権代理（民法117条）と同様、当該行為の効果は相続人に帰属しないこととなろう。他方、本改正によっても、従前から存在する応急処分（民法874条で準用する654条）や事務管理（697条）の規定に基づいて死後事務を行うことは否定されるものではない。したがって、本条3号に該当する行為であっても、それが応急処分に該当すると認められる場合には、成年後見人が家庭裁判所の許可なしに行うことも許容されるものと考えられる」としている[51]。

51　大塚・前掲（注45）83頁～84頁。

〈図表２〉 成年後見人の死後事務の範囲

	応急処分義務	事務管理	民法873条の２		
			１号	２号	３号
遺体の引取り	○	○			○
火葬・埋葬	○	○			○
葬儀の執行	○	○			△
生前発生した債務の弁済	○	○		○	
死後から遺産引渡しまでに発生した債務の弁済	○	○	○[52]		○
居室の明渡し	○	○	○		
動産類の寄託契約締結や廃棄処分	○	○			○
電気・ガス・水道等の供給契約の解約	○	○			○
納骨・永代供養					△
死後事務費用の預貯金払戻し					○

もっとも、応急処分義務の場合、その要件を充足するか否かが必ずしも明確ではないし、事務管理の場合は報酬請求権が認められない。

他方で、たとえば、火葬・埋葬についての許可申立ては事後的になされたものであったとしても許可の審判がされるというのが家庭裁判所の実務のようであるし[53]、何よりも費用の払戻しも可能であるという点、さ

52　大阪家庭裁判所後見センターは、弁済期未到来の地代や住宅ローン等の債務についても、契約の解除を免れる限度での支払いは、民法873条の２第１号の「相続財産に属する特定の財産の保存に必要な行為」であるとして、成年後見人による相続人への引継ぎまでの間の住宅ローンの返済を一定程度認める見解を示したうえで、運用しているようである。もっとも、遺産分割の長期化が予測される場合にまで元成年後見人の立場で住宅ローン等の支払いを継続することは民法873条の２の趣旨を超えているので、この場合は同法918条２項の相続財産管理人を選任する必要がある、としているとのことである（石田・前掲（注38）155頁～156頁）。

らには、相続人への説明の便宜という点を考えれば、民法873条の２を根拠としたほうが安心といえるだろう。

葬儀、納骨、永代供養に係る契約の締結については、原則として、民法873条の２第３号の許可審判がなされないとのことだが、東京家庭裁判所においては、これらの契約締結についても、次の①～⑤のような場合には、契約締結の許否の判断対象となるとのことである。[54]

① 相続人が存在しない、あるいは、かかわりを拒んでいる事案において、いわゆる「直葬」ないし「火葬式」（通夜や告別式等の宗教儀式を行わない火葬のみの葬儀形態）のような葬儀としての意味合いを有する役務の提供等も含まれるものの、火葬としての役務に附随するものとして、１個の「火葬に関する契約」と解される場合

② 成年被後見人の死亡時点で、遺骨の引取り手がいないことが想定されるなど、成年被後見人の遺骨の取扱いに課題があることが明らかな事案において、火葬に関する契約の締結許可の申立てと同時に、納骨に関する契約の締結許可の申立てがなされた場合

③ 火葬後に相続人から遺骨の引取りを拒まれたり、相続人の不存在が判明したりしたことを理由として納骨に関する契約のみについて締結許可の申立てがなされた場合

④ 成年被後見人が遺した少額の相続財産の限度で簡便な形で行われる永代供養で、相続財産管理人に対する報酬等の費用が抑えられることにより「相続財産の保存に必要な行為」と評価し得る場合

⑤ 納骨の契約締結の相手方である寺院や墓所の管理者から、永代供養料や埋葬供養料、戒名料等の名目で支払いを求められた場合に、当該支払いを含む納骨に関する契約である場合

53　島田壮一郎「死後事務許可の審判の運用状況」市民と法118号38頁。

54　島田・前掲（注53）39頁。

2　保佐人・補助人の死後事務の範囲

保佐人と補助人の場合は、民法873条の２の適用がないため、依然として応急処分義務および事務管理のみが死後事務を行う場合の法的根拠となる。

ただ、応急処分義務について定めた民法654条の趣旨が従前の委任契約が継続しているのと同一の地位と権限を受任者に認めることにあるとされている以上は、被保佐人・被補助人の生前に当該保佐人および補助人が有していた権限の範囲外の行為については応急処分義務は認められないということとなる（たとえば、代理権を有しない保佐人・補助人の場合）[55]。このような場合には、事務管理のみが当該保佐人および補助人の死後事務の法的根拠となる。

被保佐人・被補助人のおかれている環境から死後事務を行うことが想定される場合や、被保佐人・被補助人が希望する場合には、生存中に第三者との間で死後事務委任契約を締結するなり、本人の死後に予想される事務の範囲内で代理権付与を家庭裁判所に申し立てるなどの対応が必要になるだろう。

Ⅳ　法定後見の利用者による死後事務委任契約の利用可能性

1　問題の所在

成年被後見人・被保佐人・被補助人は、死後事務委任契約を締結して自身の死後の事務について第三者に委任することはできるだろうか。

55　田尻世津子「葬儀と葬儀費用」松川正毅編『新・成年後見における死後の事務――円滑化法施行後の実務の対応と課題』（日本加除出版・2019年）105頁。

判断能力が不十分であるとされている法定後見利用者であっても、自身の死後の扱いにつき、こうしてほしいといった意思は有しているものと思われる。判断能力の不十分な本人であっても自己の意思を表明する能力を有している以上、本人をサポートする成年後見人等には本人による意思決定ができるよう支援することが期待されている。

民法873条の２の新設により成年被後見人の死亡後においての死後事務につき一定の立法的手当はなされた。しかし、葬儀の執行や納骨、永代供養については原則として家庭裁判所の許可の範囲外とされているし、保佐人や補助人にはそもそも民法873条の２の適用対象外とされている。

2　死後事務委任契約の締結

こうした中で、法定後見人についても、成年被後見人等の生前において死後事務委任契約を締結しておくことで、死後の事態に対応するということは可能である。

(1)　後見類型の場合

後見類型の場合は、成年後見人が本人を代理して第三者との間で死後事務委任契約を締結するなどの対応が可能である。ただ、死後事務委任契約は本来、委任者が自らの死後の事柄について遺言では自らの希望を実現できないことを補完するというのがそもそもの目的である。したがって、成年被後見人自身が葬儀や納骨などについて自身の死後はこうしてもらいたいという強い意向を有していることが確認でき、なおかつ、相続人が不存在あるいは存在しても成年被後見人の意向どおりに動くことが全く期待できない、といった場合に限って成年後見人としては第三者との死後事務委任契約の締結を検討すべきであって、単に成年後見人が自身の死後事務を円滑に進めたいという目的だけで本人の意向に沿わない死後事務委任契約を本人の代理人として締結するのは避けるべきである。

⑵　保佐類型・補助類型の場合

一方、保佐類型・補助類型の場合においては、①保佐人および補助人に死後事務契約締結の代理権が付与されていることに基づく保佐人・補助人による死後事務契約の締結、②保佐人・補助人の同意に基づく被保佐人・被補助人自身による死後事務委任契約の締結といった方法による事前対応が考えられる。

⑶　死後事務委任契約の締結にあたっての留意点

成年後見人・保佐人・補助人自身が、自らを受任者とする死後事務委任契約を締結することは、仮に無報酬であったとしても利益相反の問題があるので避けるべきであると考える[56]。

また、第三者との間の死後事務委任契約については、本人の相続人の利益とも衝突するおそれがあるので、監督機関である家庭裁判所とも事前に相談しておいたほうがよいであろう[57]。

56　高雄佳津子「遺体の引取りと火葬・埋葬」松川正毅編『新・成年後見における死後の事務——円滑化法施行後の実務の対応と課題』（日本加除出版・2019年）76頁。

57　田尻・前掲（注55）107頁～108頁。

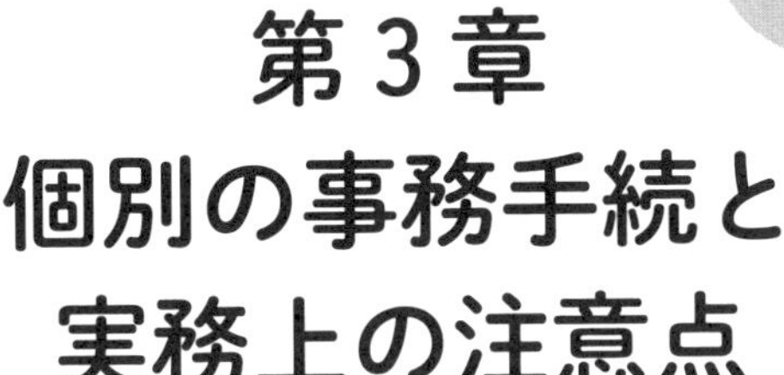

第3章
個別の事務手続と実務上の注意点

第１

個別の事務手続に関する相談と提案にあたって

「死亡するまでの間」、つまりは、生前に行えることはどんなことがあるのか。生前に行う財産処分の利点は、生きている間に自らが考え、判断し、その意思で確実に行えるということである。

相談を受けた司法書士としては、「死亡してからの短い時間軸の期間」、「死亡してから10年〜20年後を見据えた長い期間」を考慮しつつ、各手続がこれら期間に与える影響を考慮しながら、依頼者の言葉に耳を傾け、その真意を読み取り、「死亡するまでの期間」に、どの方法が最善か、依頼者と共に検討する必要がある（なお、本章における税制に関する記述は2020年４月１日時点の法令に基づくものである）。

第2

贈　与

I　贈与とは

贈与は、自らの意思で、即時かつ確実、確定的に財産を処分することができる手段である。現預金、自動車、不動産、株式など目的となる物はさまざまであり、およそ財産的価値を有するものは贈与の対象とすることができる。

通常、贈与は、当事者間において契約の成立から現実的な目的物の給付が即時または時間的に近接した状況にて行われることが多いと思われる。そのため、後々当事者間で紛争が生じることは少ないと思われるが、簡易に無償で財産を交付することができることから、得てして安易に行われる。こと親子間においては顕著である。

たとえば、親が、その所有する農地を、農地法の転用許可（届出）を得て、子の自宅を建築するために贈与するということはよくある話で、農地ゆえ固定資産評価額が極めて低額であることから贈与税が課税されないと判断して贈与することは、往々にしてあり得ることである。

しかし、実際のところ課税庁においては、上記のような場合、農地等の贈与による財産取得の時期については、原則として農地法の転用許可があった日とされており、宅地への転用許可がなされた農地は市街化農地に該当し、その価額は市街化区域においては宅地比準方式にて評価されることとなる（相続税法基本通達１の３・１の４共−10、財産評価基本通達36−４、財産評価基本通達40）。

そのため、税法の知識に明るくない親子が、不動産（農地に限らず）を贈与して、その所有権移転登記手続も行ってしまった後、課税庁により多額の贈与税の課税を受けたことから、想定外の多額の課税がされたことを理由に、その所有権移転登記を錯誤により抹消する必要に迫られる……というような案件に遭遇したことのある方も多いであろう。

この場合、法務局に納めた登録免許税は還付されることはないから、まったくもってムダになるだけではなく、不動産取得税も納付している場合にはこれすらも還付されることはまずない。

贈与において、気を配らなければならないのは、贈与税の課税問題なのである。親が子のためを想い、良かれと思って行った贈与が、「タダより高い物はない」を実践してしまうことになる。私たち司法書士は、登記手続に限らず周辺分野に関して研鑽し、このような不幸を思い違いに防がなければならない。

Ⅱ　贈与税

ここで贈与税について触れておきたい。当然、税に関する専門家である税理士の職能分野ではあるが、司法書士として国税庁や都道府県のウェブサイトなどから得られる情報は、最低限身に付けておくべきである。

なお、贈与税に関しては、相続税法において規定されており、贈与税法という法律はない。これは、贈与税は相続税を補完するために存在する（相続発生時における脱税の未然防止）とされているからである。

1　課税対象者

⑴　概　要

贈与税は、受贈者たる個人（ここでは自然人を指す）に課税される。本来的には、個人が資産を無償で取得した場合には、所得税の課税原因となるが、贈与税が課税されることから、重ねて所得税を課税しないこととされている（所得税法9条1項16号）。

法人が個人に対して贈与をしたときは、受贈者たる個人に対しては、贈与税ではなく所得税が課税（法人との間に雇用関係等があれば給与所得となり、雇用関係がなければ一時所得となる）されることになることも覚えておきたい。受贈者たる個人に対して贈与税ではなく所得税が課税される理由として、本来的には資産の取得は所得税の課税原因であること、贈与税は相続税の補完的なものであること、などがあげられる。また、贈与者である法人に対しても、資産を時価で譲渡したとして、法人税の課税対象となる。

⑵　贈与者に対して課税されるケース

では、個人である贈与者に対しての課税問題はあり得るのであろうか。財産を無償で譲り渡したので利益を受けてはいない以上、贈与者は何ら課税されるものはない、と思うのは早計である。贈与者に対して課税されるケースがあることは押さえておきたい。

㋐　みなし譲渡所得課税

一つは、個人が法人に対して贈与したときである。この場合、個人が法人に時価で売却したとみなされ、贈与者たる個人に譲渡所得税が課税され得る。いわゆる「みなし譲渡所得課税」である。

これは、法人に対しては贈与税を課税する根拠がないこと、法人が受贈者の場合は、会計上、贈与者から取得原価の引継ぎがなされず時価が取得原価となること、法人は理論上永続することが前提であるから、資産が移転したにもかかわらず贈与者が資産を保有していた期間の資産価値の値上がり（キャピタルゲイン＝取得原価と時価との差額）に対して課税の機会が永久に失われてしまうこと、が理由とされている。

そのため、贈与者において、財産の取得価額および取得費などの合計よりも時価のほうが高い場合には、利益が生じているとして譲渡所得税が課税されてしまうことになる。

なお、公益法人に対する贈与または寄付は、一定の要件を満たす場合、みなし譲渡所得課税はなされない（租税特別措置法40条）。また、現金については時価の概念がないため、譲渡所得税は観念し得ないことは押さえておきたい。

㈠　贈与税の連帯納付義務

もう一つは、相続税法34条４項において、受贈者に課税される贈与税について、贈与者は「連帯納付の責めに任ずる」と規定されていることである。受贈者が贈与税を納めない場合は、贈与者が納付することと定められているのである。

さらに、この連帯納付の義務により贈与者が贈与税を納付した場合は、その贈与税相当額について、さらに贈与者から受贈者に対して贈与があったものとして贈与税が課税されることになり、ダブルパンチとなることもあり得るので留意されたい。

⑶　贈与税の射程

贈与税の射程を整理すると、次のようになる（〈図表３〉参照）。

〈図表3〉　贈与税の射程

		贈与者	
		個　人	法　人
受贈者	個　人	— 贈与税	法人税 所得税
	法　人	譲渡所得税 法人税	法人税 法人税

2　対象財産

⑴　概　要

贈与の対象となる財産は、基本的に相続税が課税される財産と同じである。したがって、現物として不動産や動産はもちろん、賃借権、債権、商標権、特許権なども当然に贈与財産とすることができる。これらはいわゆる本来の贈与財産と呼ばれるものであり、以下に例をあげるとおりイメージしやすいものである。

この一方で、「みなし贈与財産」という概念があることに触れておきたい。相続税法3条～9条に規定されている税法独自の概念であり、その名のとおり当事者間において法律行為としての贈与が行われていないにもかかわらず、税法上は贈与があったものとみなしてしまう、というものである。これは、相続税・贈与税の脱税防止の観点から制定されているものであり、実質的に贈与があったものと変わりない行為であるとして課税対象とされている。

⑵　本来の贈与財産

本来の贈与財産とは、次の①～⑥のように、およそ金銭的価値に評価できる財産である。

①　金融資産（現金・預貯金・株式・社債・国債・貸金債権など）

②　土地（宅地・農地・山林・原野・借地権・地上権・賃借権など）

③　建物（家屋・マンション・アパート・倉庫・駐車場・借家権など）

④　動産（貴金属・宝石・書画・骨董品・自動車など）

⑤　各種権利（著作権・商標権・特許権・ゴルフ会員権など）

⑥　事業用財産（機械・商品・原材料・農産物・売掛金など）

⑶　みなし贈与財産

㈠　保険金・定期金給付契約による保険金等

生命保険契約または損害保険契約における保険事故が発生した場合、または、年金保険等の定期金給付契約における給付事由が発生した場合において、これら保険契約の保険料を自分が負担していないにもかかわらず、保険金（満期返戻金を含む）を受け取ったときは、その受領した保険金相当額は、保険料を支払った者から贈与されたものとみなされる（相続税法５条・６条）。したがって、みなし贈与財産としての課税が問題となるのは、保険料支払者と保険金受取人が別人の場合である。

典型的な例としては、親が保険料を負担した生命保険契約の満期返戻金の受取人が子であった場合であろう。親が保険料負担者として生命保険契約を締結し、保険料200万円を一時払いしたとして、満期保険金300万円をその子が受取人として受け取った場合は、子に300万円の贈与がなされたとみなされるのである。

㈡　低額譲渡

著しく低い価額の対価で財産の譲渡を受けた場合に、対価と譲渡時における財産の時価との差額に相当する金額を贈与により取得したものとみなすとされている（相続税法７条）。簡単に説明すると、1000万円の土地を100万円で売却した場合に、買主は、売主から900万円の贈与を受けたものとみなされるのである。

ここでいう「著しく低い価額」とはどの程度をいうのか。これについては明確な根拠はなく、個々の具体的事案に基づき判定することになる。ここでいう財産の時価とは、不動産や借地借家権などである場合には通常の取引価額に相当する金額を、それら以外の財産である場合には相続税評価額をいうとされている[58]。したがって、不動産であれば、宅地建物取引業者から近隣取引事例を基にした簡易的な査定を受けるなどにより通常の取引価額を基準とすればよいということになる。

この「著しく低い価額」について裁判所は、「『著しく低い価額』の対価とは、その対価に経済的合理性のないことが明らかな場合をいうものと解され、その判定は、個々の財産の譲渡ごとに、当該財産の種類、性質、その取引価額の決まり方、その取引の実情等を勘案して、社会通念に従い、時価と当該譲渡の対価との開差が著しいか否かによって行うべきである」として、「相続税評価額と同水準の価額かそれ以上の価額を対価として土地の譲渡が行われた場合は、原則として『著しく低い価額』の対価による譲渡ということはでき」ないと判断したうえで、「例外として、何らかの事情により当該土地の相続税評価額が時価の80%よりも低くなっており、それが明らかであると認められる場合に限って、『著しく低い価額』の対価による譲渡になりうると解すべきである」と判示している（東京地判平成19・8・23判タ1264号184頁）。いずれにしてもケース・バイ・ケースであるから、安易な判断はせずに、依頼者に直接税務署に問合せをしてもらうか、税理士に判断を求めるべきであろう。

なお、低額譲渡については例外があり、譲受人が資力を喪失して債務を弁済することが困難である場合において、その者の扶養義務者から当該債務の弁済にあてるためになされたものであるときは、その贈与または遺贈により取得したものとみなされた金額のうちその債務を弁済することが困難である部分の金額については、この限りでないとされている（相続税法7条）。

58　国税庁ウェブサイト「タックスアンサー No. 4423（著しく低い価額で財産を譲り受けたとき）」〈https://www.nta.go.jp/taxes/shiraberu/taxanswer/zoyo/4423.htm〉。

(ウ)　債務免除益

債務免除益とは、債務者が支払うべき債務を免れたことにより得られた利益をいい、これにより得られた利益に相当する金額を債務者が贈与されたものとしてみなされる（相続税法８条）。

債務全額を免除された場合に限らず、債務を著しく低い金額まで免除したり、第三者が債務を引き受けたり、または弁済したりした場合にも、債務者は本来支払うべき債務との差額について利益を得たものとして、その利益相当額を贈与財産とみなすのである。相続人以外の者に対し、債務免除等が遺言でなされた場合にも、みなし贈与財産として扱われることになる。

ただし、すべての場合においてこのみなし規定が適用されるわけではなく、債務者が資力を喪失して債務を弁済することが困難である場合においては、債務者が債務免除を受けたり、債務者の扶養義務者により第三者弁済がなされたりしたときは、この規定は適用しないとされている。

(エ)　その他

前記(ア)〜(ウ)の場合のほか、対価を支払わないで、または、著しく低い価額の対価で利益を受けた場合にも、その利益の額に相当する金銭を贈与または遺贈により取得したものとみなされる（相続税法９条）。

資力を喪失した者に対する扶養義務者からの弁済資金の援助については、前記(ウ)と同様にみなし贈与財産とはされない。

(4)　財産の評価

贈与財産の価値については何を基準とすべきであろうか。個々人が主観的な考えや判断から財産の価値を定めていては、課税根拠も不明瞭なものとなってしまい混乱するだけである。骨董品や絵画などは、その所有者によっては価値がある一品であっても、それに興味をもたない人にとってはガラクタと評されることもあるだろう。

そこで、国税庁が財産評価基本通達を定め、贈与（または相続）により取得した財産の評価はこれによるものとされている。

贈与財産の評価は、財産を取得した日の時価によるものとされており、たとえば、土地であれば、宅地、農地、私道などの種類による区分、地域により路線価か評価倍率とするか、借地借家であれば借地権割合や借家権割合などが定められており、また、土地の形状により広大地、奥行き、狭小間口などの補正率の適用などが規定されている。もちろん、不動産に限らず、立竹木、動産、特許権等の無体財産権、株式など多くの財産について、その評価方法が定められている。

個別の財産の評価については、財産評価基本通達のほかにも多くの通達・先例が発出されているので、税理士に確認すべきである。

Ⅲ 暦年課税（暦年贈与）

贈与税は、個人が１月１日から12月31日までの１年間にもらった財産の合計額から基礎控除額の110万円を差し引いた残りの額に対して課税される（相続税法21条の５、租税特別措置法70条の２の４）。したがって、個人が１年間に贈与を受けた財産の合計額が110万円以下であれば贈与税は課税されないし、贈与税の申告も不要である。

贈与税の税率は2013年に改正され、現在（2015年１月１日以降）は、贈与当事者の関係性を基準として、一般贈与財産用（一般税率）と特例贈与財産（特例税率）の二つに区分されている（〈図表４〉参照）。

1 特例贈与財産用（特例税率）

特例贈与財産用は、直系尊属（父母や祖父母）から、贈与を受けた年の１月１日現在において20歳以上の直系卑属（子や孫）への贈与税の計算において適用される。

2　一般贈与財産用（一般税率）

一般贈与財産用は、「特例贈与財産用」に該当しない場合の贈与税の計算に適用される。たとえば、全くの第三者間の贈与はもちろん、直系尊属以外からの贈与（兄弟間や夫婦間）、親・祖父母から未成年の子・孫への贈与が該当する。

〈図表4〉 贈与税の速算表（令和2年4月1日現在の法令による）

基礎控除後の課税価格	特例贈与財産用		一般贈与財産用	
	特例税率	控除額	一般税率	控除額
～ 200万円以下	10%	—	10%	—
200万円超～ 300万円以下	15%	10万円	15%	10万円
300万円超～ 400万円以下	20%	30万円	20%	25万円
400万円超～ 600万円以下			30%	65万円
600万円超～1000万円以下	30%	90万円	40%	125万円
1000万円超～1500万円以下	40%	190万円	45%	125万円
1500万円超～3000万円以下	45%	265万円	50%	250万円
3000万円超～4500万円以下	50%	415万円	55%	400万円
4500万円超～	55%	640万円		

※　（贈与を受けた財産の価額－基礎控除額）×税率－控除額＝税額

◎コラム◎　名義預金

名義預金とは、他人名義で保有する預金である。特に相続税の税務申告の場面で問題になることが多いとされる。

親や祖父母が、子や孫の名義の預金口座に、将来的に渡すことを意図して預金したとしても、預金通帳や印鑑を、贈与を受けた本人が管理していない場合、贈与者と受贈者の間に贈与の意思の合致がないと判断され、贈与者の財産（＝相続財産）と認定されることになる。贈与契約書を作成するほか、贈与税の申告等をしていない限り、簡単には生前贈与と認定されることはなく、贈与財産ではない以上、贈与税の時効消滅の適用もない。

特に税務調査において税務署職員は、被相続人のみならず、親族名義の預貯金まであらかじめ把握していることから、当該口座名義人の年齢や社会的立場によって不相当な金額の預金がある場合には、必ずや指摘されることを覚悟すべきであり、相続税の課税対象に含めなかった場合には、無申告加算税や過少申告加算税、重加算税の対象となる。

贈与者が亡くなった後に、渡して喜ばせたいということだとしても、名義預金は相続財産となることを理解し、そうでなければ暦年贈与によって計画的に贈与するのが得策である。

サプライズプレゼントに税金などというのは、無粋で世知辛いようではあるが、税の公平性を担保するためにはやむを得ないようである。

Ⅳ　贈与税の非課税に関する特例制度

特殊な関係にある者の間において贈与が行われた場合に、政策的見地から非課税の特例が設けられている。

具体的には、①夫婦の間で居住用の不動産を贈与したときの配偶者控除の特例、②直系尊属から住宅取得等資金の贈与を受けた場合の非課税の特例、③教育資金一括贈与の特例、④結婚・子育て資金一括贈与の特例という制度が用意されている。

1　夫婦の間で居住用の不動産を贈与したときの配偶者控除の特例

⑴　概　要

婚姻期間が20年以上の夫婦の間で、もっぱら居住の用に供する土地・借地権などの土地上の権利・建物などの不動産（以下、これらを「居住用不動産」という）または居住用不動産を取得するための金銭の贈与が行われた場合、基礎控除110万円のほかに最高2000万円まで（合計で2110万円）控除できるという特例である（相続税法21条の６）。

⑵　適用要件

この特例の適用にあたっては、次の①～④の要件が必要となる。

①　夫婦間の贈与であること　　配偶者から他方の配偶者に贈与が行われなければならない。民法上の婚姻関係にある夫婦間にのみ適用されるものであり、内縁関係の男女の間には適用がないことには気をつけたい。

②　夫婦の婚姻期間が20年を過ぎた後に贈与が行われること

③　贈与された財産が、居住用不動産または居住用不動産を取得するための金銭であること

④　居住すること　　贈与を受けた年の翌年３月15日までに、贈与により取得した居住用不動産または贈与を受けた金銭で取得した居住用不動産に、贈与を受けた者が現実に住んでおり、その後も引き続き住む見込みがなければならない。

⑶　対象不動産

配偶者の所有する居住用不動産が対象となることから、居住用の家屋およびその敷地である土地が対象となる。そのほか、夫婦と子どもが同居していて、その居住用家屋の所有者が子どもで、敷地の所有者が夫であるときに、妻が夫からその敷地の贈与を受ける場合も適用される。

59

⑷　制度を利用する際の留意点

この特例を利用して贈与税が非課税になるとしても、登録免許税および不動産取得税（一定の要件を満たすことにより軽減措置はある）は、通常どおり課税されるので、依頼者には十分に説明しておくべきである。

また、この特例を利用することができるのは、同一配偶者との間では一度だけである。後に説明する相続時精算課税制度（→本章第２Ｖ１）では、限度である2500万円に達するまでは何度でも適用を受けることができることと比較して覚えておくべきである。

2　直系尊属から住宅取得等資金の贈与を受けた場合の非課税の特例

⑴　概　要

2015年１月１日から2021年12月31日までの間に、直系尊属からの贈与により、自己の居住の用に供する住宅用の家屋の新築、取得または増改築等（以下、「新築等」という）の対価にあてるための金銭（以下、「住宅取得等資金」という）を取得した場合において、一定の要件を満たすときは、非課税限度額までの金額について、贈与税が非課税となる制度である（租税特別措置法70条の２）。

⑵　限度額

受贈者ごとの非課税限度額は、新築等をする住宅用の家屋の種類ごとに、受贈者が最初に非課税の特例の適用を受けようとする住宅用の家屋の新築等に係る契約の締結日に応じた金額となる。

⑶　適用要件

この特例の適用にあたっては、次の①～⑧のすべての要件を満たす必

59　国税庁ウェブサイト「タックスアンサー No. 4455（配偶者控除の対象となる居住用不動産の範囲）」〈https://www.nta.go.jp/taxes/shiraberu/taxanswer/zoyo/4455.htm〉。

要がある。[60]

① 受贈者は、贈与を受けた時に贈与者の直系卑属であること　配偶者の直系尊属（義理の父母など）からの贈与は、贈与者の直系卑属に当然に該当しないため適用がないが、養子縁組をしている場合は、直系尊属にあたることになり適用を受けられる。

② 受贈者は、贈与を受けた年の１月１日において、20歳以上であること

③ 受贈者の贈与を受けた年の合計所得金額が2000万円以下であること

④ 2009年分から2014年分までの贈与税の申告で「住宅取得等資金の非課税」の適用を受けたことがないこと（一定の場合を除く）

⑤ 受贈者が自己の配偶者、親族などの一定の特別の関係がある人から住宅用家屋の取得をしたものではないこと、または、これらの者との請負契約等により新築等をしたものではないこと

⑥ 受贈者が、贈与を受けた年の翌年３月15日までに住宅取得等資金の全額をあてて住宅用の家屋の新築等をすること

⑦ 受贈者が、贈与を受けた時に日本国内に住所を有していること

受贈者・贈与者が共に一時居住者である場合などを除くものとされている。贈与を受けた時に日本国内に住所を有しない人であっても、一定の場合には、この特例の適用を受けることができる。

⑧ 受贈者が、贈与を受けた年の翌年３月15日までにその家屋に居住すること、または、同日後遅滞なくその家屋に居住することが確実であると見込まれること

60　国税庁ウェブサイト「タックスアンサー No. 4508（直系尊属から住宅取得等資金の贈与を受けた場合の非課税）」〈https://www.nta.go.jp/taxes/shiraberu/taxanswer/sozoku/4508.htm〉。

3　教育資金一括贈与の特例

2017年4月1日から2021年3月31日までの間に、個人（租税特別措置法70条の2の2第2項2号に規定する教育資金管理契約（以下、「教育資金管理契約」という）を締結する日において30歳未満の者に限る）が、教育資金にあてるために受けた贈与について、次の①〜③の場合において、その信託受益権、金銭または金銭等の価額のうち1500万円までの金額に相当する部分の価額については、贈与税の課税価格に算入しないという制度である。[61]

① その直系尊属と信託会社との間の教育資金管理契約に基づき信託の受益権を取得した場合

② その直系尊属からの書面による贈与により取得した金銭を教育資金管理契約に基づき銀行等の営業所等において預金もしくは貯金として預入れをした場合

③ 教育資金管理契約に基づきその直系尊属からの書面による贈与により取得した金銭等（公社債投資信託の受益証券のうち一定のもの（いわゆるMRFまたはMMF）を含む）で証券会社の営業所等において有価証券を購入した場合

4　結婚・子育て資金一括贈与の特例

2015年4月1日から2021年3月31日までの間に、個人（租税特別措置法70条の2の3第2項2号に規定する結婚・子育て資金管理契約を締結する日において20歳以上50歳未満の者に限る）が、結婚・子育て資金にあてるために受けた贈与について、次の①〜③の場合には、その信託受益権、

61　国税庁ウェブサイト「タックスアンサーNo. 4510（直系尊属から教育資金の一括贈与を受けた場合の非課税）」〈https://www.nta.go.jp/taxes/shiraberu/taxanswer/zoyo/4510.htm〉。

金銭または金銭等の価額のうち1000万円までの金額に相当する部分の価額については、贈与税の課税価格に算入しないという制度である[62]。

① その直系尊属と信託会社との間の結婚・子育て資金管理契約に基づき信託の受益権を取得した場合

② その直系尊属からの書面による贈与により取得した金銭を結婚・子育て資金管理契約に基づき銀行等の営業所等において預金もしくは貯金として預入れをした場合

③ 結婚・子育て資金管理契約に基づきその直系尊属からの書面による贈与により取得した金銭等（公社債投資信託の受益証券のうち一定のもの（いわゆるMRFまたはMMF）を含む）で証券会社の営業所等において有価証券を購入した場合

Ⅴ　贈与税の納税猶予制度

贈与税の納税猶予制度とは、ある一定の要件に該当する場合に本来課税されるべきであった贈与税の納税を猶予する、または、将来に繰り延べる制度である。

具体的には、①相続時精算課税制度、②農業後継者が農地等の贈与を受けた場合の納税猶予の特例、③非上場株式等についての贈与税の納税猶予および免除の特例等という制度が用意されている。

1　相続時精算課税制度

(1) 概　要

相続時精算課税制度は、要約すると、直系の親族間で生前贈与した財

62　国税庁ウェブサイト「タックスアンサー No. 4511（直系尊属から結婚・子育て資金の一括贈与を受けた場合の非課税）」〈https://www.nta.go.jp/taxes/shiraberu/taxanswer/zoyo/4511.htm〉。

産の金額のうち2500万円を限度に贈与税を課税せずに繰り延べ、贈与者の相続時に生前贈与した財産の額を相続財産の額に加算して相続税の額を計算するという制度である。[63]

高齢者の有する資産を次の世代に早期に移して、その活用を促す目的で、2003年から施行されている制度である。そのためか、私たち司法書士も、「贈与税を払わずに土地を親から譲受けることができると聞いたので、贈与の登記をお願いします」などといった依頼を受けることも多く、一般的にも広く認知されている制度であると思われる。

この制度は、贈与税が課税されないという点や、非課税の限度額が高額である点から一見お得感があるように思われるが、文字どおり、相続が発生した時に繰り延べた贈与税を精算して課税するものであるので、場合によっては、逆に相続税の納税額が増えることがある。

贈与財産の価額を贈与の時の額で確定し、将来の相続発生時にその贈与財産の価額を相続財産の価額に加算して相続税が計算されることから、相続発生時において贈与財産が値下がりしてしまった場合には、贈与時と相続時の贈与財産の価値の減少差額分について余分な相続税の負担が生じてしまうというデメリットがある。もちろん、その逆もありうるので、将来的に値上がりする財産を先に贈与することにより、相続発生時における相続財産を相対的に減少させることができるというメリットがある。

また、贈与により確定的にその財産の所有権を移転することができるため、相続発生時において遺産分割協議が難航すると予想される場合に、税負担を覚悟のうえで、特定の財産（たとえば、同居している自宅や経営する会社の株式など）を取得させたい推定相続人に先渡しできるというメリットもある。

63　国税庁ウェブサイト「タックスアンサー No. 4103（相続時精算課税の選択）」〈https://www.nta.go.jp/taxes/shiraberu/taxanswer/sozoku/4103.htm〉。

⑵ 適用要件

㋐ 適用対象者

贈与者は、贈与をした年の１月１日において、60歳以上の者である。

受贈者は、贈与を受けた年の１月１日において、20歳以上の者で、かつ、贈与者の直系卑属である推定相続人または孫である。

㋑ 適用対象財産

対象財産については、特に制限はない。

㋒ 適用手続

この制度の適用を受ける場合、受贈者は、贈与を受けた年の翌年の確定申告の期限内に、贈与税の申告書とともに「相続時精算課税選択届書」を納税地の税務署に提出しなければならない。あわせて、推定相続人または孫であることを証するために、戸籍事項証明書等の添付も必要となる。

この期限内に申告をしなかった場合は、この制度の適用を受けられないため、被災したなどの特別の事情がない限りは、通常の暦年贈与で課税されることになり、場合によっては高額の贈与税が課税されることになるから、申告を忘れずに行うように依頼者に伝える必要がある。

㋓ 効　果

この制度を一度選択すると、暦年課税の基礎控除の適用を受けることはできなくなり（暦年課税に戻すこともできない）、贈与を受けた都度、たとえ暦年課税の基礎控除110万円以下の贈与であっても申告をしなければならなくなる。

とはいえ、受ける贈与すべてについて適用を受けるというわけではなく、相続時精算課税制度の選択は贈与者ごとにするものであるから、たとえば、父からの贈与については相続時精算課税制度を選択して適用を受け、母からの贈与については通常の暦年課税の適用を受けるといった選択をすることができる。

また、限度額である2500万円を超えて贈与を受けた場合は、その超えた額について一律20％の贈与税が課税される。したがって、この制度を利用して、ある年に1000万円、その翌年に2000万円の贈与を受けた場合には、限度額を超過した500万円について20％の贈与税が課税されることになる。

⑶　制度を利用する際の留意点

この制度は、「直系の親族間で生前贈与した財産の金額のうち2500万円を限度に贈与税を課税せずに繰り延べ、贈与者の相続時に生前贈与した財産の額を相続財産の額に加算して相続税の額を計算するという制度」であると記述したが、贈与者の死亡時において有する財産が、相続税の基礎控除の範囲内にとどまる場合は、そもそも相続税の負担が発生しないこととなる。

ただし、所有権の移転の登記に要する登録免許税や不動産取得税については、通常どおり課税されることになるので、これら費用の負担を考慮する必要がある。家賃収入がある収益物件などを、この制度を選択して贈与することにより、将来的な家賃収入をもあわせて受贈者に移転することができるので、多少の費用負担は致し方ないという選択もあり得るであろう。

2　農業後継者が農地等の贈与を受けた場合の納税猶予の特例

農業経営者から後継者である子に経営を譲りたいという相談を受けることがある。その場合、単に不動産の贈与として考えるのではなく、この特例があることもあわせて情報提供すべきである。

加えて、2001年までに農業者年金に加入していた場合は、経営移譲年金の制度についても情報提供をしておきたい。

(1) 概　要

農業経営者が、一定規模の農地・採草放牧地・準農地（以下、「農地等」という）を、農業後継者である推定相続人の一人に贈与した場合に、受贈者が贈与を受けた農地等で農業を営んでいる限り、贈与税の納税猶予を受けられるという特例である。[64]

(2) 適用要件

この特例を受けることができるのは、次の①～③の要件のすべてに該当する場合に限られる。

① 贈与者の要件

ⓐ 贈与の日まで３年以上引き続いて農業を営んでいた個人であること

ⓑ 過去に、推定相続人に対して、相続時精算課税制度の適用を受けて農地等の贈与をしていないこと（この場合には、農業後継者だけでなくすべての推定相続人について、この特例の適用を受けることができなくなる）

ⓒ 贈与をした年において、今回の贈与以外に農地等の贈与をしていないこと

ⓓ 過去に農地等の贈与税の納税猶予の特例に係る一括贈与をしていないこと

② 受贈者の要件

ⓐ 贈与者の推定相続人のうちの一人であること

ⓑ 以下の㋐～㋓の要件について農業委員会が証明した個人であること

㋐ 贈与を受けた日において年齢が18歳以上であること

64　国税庁ウェブサイト「タックスアンサー No. 4438（農業後継者が農地等の贈与を受けた場合の納税猶予の特例）」〈https://www.nta.go.jp/taxes/shiraberu/taxanswer/zoyo/4438.htm〉。

㋑　贈与を受けた日まで引き続き3年以上農業に従事していたこと

㋒　贈与を受けた後、速やかに農地等で農業経営を行うこと

㋓　認定農業者等（認定農業者や認定就農者）であること

③　農地等の要件

贈与者の農業の用に供している農地等のうち以下のⓐ～ⓒのいずれかについて一括して贈与を受ける必要がある。

ⓐ　農地の全部

ⓑ　採草放牧地の3分の2以上の面積

ⓒ　準農地の3分の2以上の面積

⑶　効　果

この特例の適用を受けると、受贈者が、贈与を受けた農地等で農業を営んでいる限り、贈与税の納税は猶予されることになる。

また、受贈者または贈与者のいずれかが死亡した場合には、猶予された贈与税額（農地等納税猶予額）は免除されることになる。ただし、贈与者が死亡した場合は、特例の適用を受けた農地等は、贈与者から相続したものとみなされて相続税の課税対象となるが、農業後継者である相続人（農業相続人）についての相続税の納税猶予の特例も準備されている。

⑷　手続等

この特例の適用を受けるためには確定申告の際に所定の書類等を税務署に提出しなければならないほか、納税猶予額と利子税によっては担保を提供しなければならないことがある。また、3年ごとに継続届出書を税務署に提出しなければならない。

⑸　農地等納税猶予税額の納付

農業後継者が、贈与を受けた農地等で農業を経営している限り、贈与税が課税されることはないが、次の点に留意が必要である。

㈠　農地等納税猶予税額を納付しなければならない場合

納税猶予を受けている贈与税額は、次の①～⑤の場合などに該当することとなったときは、その贈与税額の全部または一部を納付しなければならなくなる。

①　贈与を受けた農地等について譲渡等があった場合

　譲渡等には、実際に所有権を移転する売買や贈与だけではなく、宅地転用のほか、地上権（耕作ができる状態での区分地上権は除く）、永小作権、使用貸借権、賃借権の設定なども含まれる。また、耕作を放棄した場合も含まれる。

②　贈与を受けた農地等に係る農業経営を廃止した場合

③　受贈者が贈与者の推定相続人に該当しないこととなった場合

④　継続届出書の提出がなかった場合

⑤　準農地について、この特例の適用を受けた場合で、申告期限後10年を経過する日までに、農業の用に供されていない準農地がある場合

㈡　納付すべき税額に係る利子税

前記㈠に該当して農地等納税猶予税額を納付しなければならなくなった場合には、その納付すべき贈与税額について利子税が課せられることになる。

3　非上場株式等についての贈与税の納税猶予および免除の特例等

⑴　概　要

いわゆる法人版事業承継税制である。会社の後継者が、非上場会社の株式等を贈与等により取得した場合において、所定の要件を満たすことにより、贈与者が死亡する日等まで贈与税の納税を全額猶予されるとともに、原則として贈与者の死亡の際、受贈者が贈与者から相続や遺贈に

よって取得したものとみなされ、相続税の課税の対象となり猶予された贈与税が免除されるという制度である。なお、その際、経営の承継の円滑化に関する法律（以下、「経営承継円滑化法」という）による都道府県知事の確認を受け、一定の要件を満たす場合には、さらに、非上場株式等の特例贈与者が死亡した場合の相続税の納税猶予および免除の特例の適用を受けることができる。[65]

2007年度税制改正において、相続時精算課税制度の特例として設けられたことが始まりであるが、その要件の厳格さや複雑さから利用は低迷した。そこで、事業承継の推進と制度利用の促進のため、2008年に経営承継円滑化法が制定され、2009年度税制改正において非上場株式等に係る相続税の納税猶予等および非上場株式等に係る贈与税の納税猶予等の制度として整備され、さらに、2013年度税制改正および2017年度税制改正において要件の緩和と手続の簡素化が図られ、2018年度税制改正では一層の利用推進を図るため特例措置（従前の制度を一般措置とした）が設けられた。これら改正を経て、それまで年間約400件程度であった利用件数も、2018年度には年間約2900件まで伸びており、今後も増加することが予想される。

⑵　制度のメリット・デメリット

この制度のメリットとしては、①多額の評価となり普通に贈与した場合に課税される多額の贈与税について納税の猶予を受けられること、②要件を満たすことにより猶予された贈与税が全額免除となること、③先代経営者等の保有する株式を、分散することなく後継者に承継できることなどがあげられる。

一方、デメリットとしては、①都道府県知事の認定が取り消された場

65　国税庁ウェブサイト「タックスアンサー No. 4148（非上場株式等についての相続税の納税猶予及び免除の特例等）」〈https://www.nta.go.jp/m/taxanswer/4148.htm〉。

合には、猶予されていた贈与税全額とそれまでの期間に応じた利子税を納税しなければならないこと、②事業承継後５年間は、毎年都道府県知事に年次報告書を提出して継続要件を維持していることを報告し、また、税務署へ継続届出を提出しなければならないこと、③事業承継後５年が経過した後も、定期的に税務署に継続届出を提出しなければならないことなどがあげられる。

⑶　経営承継円滑化法による知事の認定

この制度の適用を受ける前提として、経営承継円滑化法による都道府県の知事の認定を受ける必要がある。

認定の詳細な要件については、中小企業庁のウェブサイトにマニュアルがあるので確認していただきたい[66]。

なお、認定においては、第一種経営承継贈与と第二種経営承継贈与とあるが、第一種経営承継贈与とは、先代経営者から後継者への贈与を意味し、第二種経営承継贈与とは、先代経営者以外の株主から後継者への贈与を意味すると理解しておけばよい。

⑷　納税猶予を受けるための主な要件

経営承継円滑化法による都道府県知事の認定を受けることが前提であるとして、納税猶予の適用を受けるためには、主に次の①～④の要件を充足しなければならない。もちろん、ここであげる以外にも細かい要件が多々あるので、特例措置・一般措置ともに、その適用の可否の判断については慎重を期する必要がある。

①　先代経営者（贈与者）の主な要件

ⓐ　会社の代表者であったこと

ⓑ　贈与時に代表者を退任していること（有給役員として残ることは可能）

66　中小企業庁のウェブサイト「経営承継円滑化法による支援」〈https://www.chusho.meti.go.jp/zaimu/shoukei/shoukei_enkatsu.htm〉。

ⓒ　贈与の直前において、先代経営者と同族関係者（親族等）で発行済議決権株式総数の50%超の株式を保有し、かつ、同族内（後継者を除く）で筆頭株主であったこと

ⓓ　一定数以上の株式等を贈与すること

②　後継者（受贈者）の主な要件

ⓐ　会社の代表者であること

ⓑ　贈与時に20歳以上で、かつ、贈与の直前において役員就任から3年以上経過していること

ⓒ　贈与後、後継者と同族関係者（親族等）で発行済議決権株式総数の50%超の株式を保有し、かつ、同族内で筆頭株主となること

③　対象会社の主な要件

ⓐ　中小企業であること

ⓑ　上場会社、風俗営業会社に該当しないこと

ⓒ　資産保有型会社等（自ら使用していない不動産等が70%以上ある会社やこれらの特定の資産の運用収入が75%以上の会社）ではないこと（ただし、一定のやむを得ない事由による場合や一定の事業実態がある場合は除く）

④　事業継続の主な要件

ⓐ　後継者が会社の代表者であること

ⓑ　従業員数の8割以上を5年間平均で維持すること

ⓒ　後継者が同族内で筆頭株主であること

ⓓ　猶予対象となった株式を継続保有していること（株式を譲渡した場合には、その譲渡した部分に対応する贈与税と利子税を納付する。保有し続ける株式に対応する贈与税は、引き続き納税が猶予される）

ⓔ　上場会社、風俗営業会社に該当しないこと

ⓕ　資産保有型会社等に該当しないこと

〈図表5〉 特例措置と一般措置の比較

	特例措置	一般措置
事前の計画策定等	特例承継計画を2018年4月1日から2023年3月31日までに提出	不要
適用期限	2018年1月1日から2027年12月31日までの贈与	なし
対象株式	全株式	総株式数の最大3分の2まで
納税猶予割合	100%	贈与100%、相続80%
承継パターン	複数の株主から最大3名の後継者	複数の株主から1名の後継者
雇用確保要件	弾力化	承継後5年間は平均8割の雇用維持が必要
事業の継続が困難な事由が生じた場合の免除	譲渡対価の額等に基づき再計算した猶予税額を納付し、従前の猶予税額との差額を免除	なし（猶予税額を納付）

⑸ 特例措置

特例措置は、一般措置の要件が厳しかったことから、2018年度税制改正で設けられたものである。

一般措置との比較では、次の点があげられる（〈図表5〉参照）。

㈠ 事前の計画策定等

経営承継円滑化法の認定を受けるにあたっては、経営承継円滑化法施行規則に規定する「特例承継計画」を都道府県知事に提出して、その確認を受ける必要がある。なお、この特例承継計画については、2018年4月1日から2023年3月31日までに都道府県知事の確認を受けなければならないこととされている。

㈡ 適用期限

一般措置においては、贈与等の時期については特段の期限は設けられていないが、特例措置においては、2018年1月1日から2027年12月31日までの贈与等による非上場株式等の取得が要件とされている。

(ウ) 対象株式

一般措置においては、発行済株式等の最大3分の2までしか対象とすることができないが、特例措置においては、発行済株式等（議決権に制限のない株式等に限る）のすべてを対象とすることができる。

(エ) 納税猶予割合

一般措置については、その対象となる非上場株式等に対応する相続税の80%（贈与税は100%）が猶予されるが、特例措置については、相続税・贈与税ともその100%が猶予される。

(オ) 雇用確保要件

一般措置については、承継後5年間平均で贈与時（相続時）の雇用の8割を維持することが納税猶予の継続の要件（雇用確保要件）とされているが、特例措置については、このような要件は設けられていない。

ただし、特例措置については、この雇用確保要件を満たすことができなかった場合には、その理由等を記載した報告書（認定経営革新等支援機関[67]の意見が記載されているものに限られる）を都道府県知事に提出し、その確認を受けることができれば、雇用確保要件を満たさない場合であっても、納税の猶予が継続されることとなり、弾力化が図られている。

(カ) 事業の継続が困難な事由が生じた場合の免除

特例措置については、承継後5年の経過後に、会社の事業継続が困難となるなどの一定の事由が生じた場合に、特例措置の適用に係る非上場株式等を譲渡等したときは、その対価の額（譲渡等の時の価額の2分の1が下限となる）を基に猶予税額を再計算し、その再計算した金額と一定の配当等の金額との合計額が当初の猶予税額を下回る場合には、その差

67 中小企業庁のウェブサイト「認定経営革新等支援機関」〈https://www.chusho.meti.go.jp/keiei/kakushin/nintei/〉。

額を免除するなどの措置が設けられているが、一般措置には、このような免除措置はない。

一般措置においては、この制度を適用して事業承継を行った後に、後継者が会社を解散したり株式の譲渡を行ったりした場合、納税猶予が取り消されることとなり、猶予されていた贈与税・利子税等を事業承継時の株価を基に算定して納税しなければならなくなる。一方、特例措置においては、株価が下落するなど事業承継時の価額と差額が生じた場合において、経営環境の変化などの一定の要件を満たすときは、解散したり株式の譲渡を行ったりしたときの株価を基に納税額を再計算し、事業承継時の株価を基にした納税額との差額について、免除を受けることができる。

(6)　まとめ

いずれにしても、度重なる法改正により要件が緩和され手続が簡素化されたとはいえ、依然として複雑であり、また、経営承継円滑化法による認定制度の理解も必要なうえ、贈与税申告が必要であることから税理士との連携も必要である。

Ⅵ　生前贈与加算

死亡前３年以内に被相続人が相続人に対して生前に贈与を行っていた場合には、相続税額の算出にあたりその贈与された財産の価額を相続人の相続財産に含めなければならないという点にも注意しておきたい[68]。生前贈与加算と呼ばれるものである。

余命が短いことがわかってから慌てて生前贈与をしても、相続税の計算基礎に加算されてしまうことになる。この場合、不動産については、

68　国税庁ウェブサイト「タックスアンサー No. 4161（贈与財産の加算と税額控除）」〈https://www.nta.go.jp/m/taxanswer/4161.htm〉。

相続であれば課税されることのなかった不動産取得税や贈与として納付した登録免許税は還付されることはないのはいうまでもない。

ただし、これもあくまで「相続や遺贈により財産を取得する人」が贈与を受けたときの話であるから、相続人または受遺者ではない者に贈与したときは、その財産の価額は相続財産に加算されない。

◎コラム◎　定期贈与

贈与において少し気をつけなければならないのは、定期贈与である。

定期贈与とは、民法552条において、「定期の給付を目的とする贈与は、贈与者又は受贈者の死亡によって、その効力を失う」と規定されている。一般的には、毎年または毎月などの一定時期に、一定の金銭または物を給付（贈与）することと定義されるであろう。

では、なぜ、この定期贈与に気を付けなければならないのであろうか。

毎年、基礎控除額以下の贈与を受けた場合は、基礎控除額以下の額で毎年贈与を受けても贈与税は課税されないが、一度の贈与契約において複数年または複数月に渡って贈与を受ける内容とした場合には、定期給付契約であるから定期贈与となる[69]。つまり、毎年100万円ずつ10年にわたって贈与を受けるという内容は、贈与契約時において受贈者が1000万円の定期給付に関する債権を取得したものと評価するので、履行期にかかわらず、その年（契約した年）に1000万円の贈与を受けたと申告しなければならない、というのである（相続税法21条の５、相続税法24条、租税特別措置法70条の２の４、相続税法基本通達24－１）。

69　国税庁ウェブサイト「タックスアンサー No. 4402（贈与税がかかる場合）」〈https://www.nta.go.jp/taxes/shiraberu/taxanswer/zoyo/4402〉。

定期贈与と評価されないためには、次の①〜④に気を付けたい。

① 贈与の都度、贈与契約書を作成する

② 贈与する時期を毎年ずらす

③ 記録が残るように預金口座への振込みなどする

④ 贈与する額も毎年変えてみる

なお、定期贈与とは別に、連年贈与という言葉が見受けられるが、これは「毎年贈与する」という意味であり、インターネット上では定期贈与との混同が見受けられる。前述のとおり、毎年、基礎控除額以下の同じ額を贈与したからといって贈与税が課税されるものではない。

Ⅶ　まとめ

主に税制面についての記述となったが、以上のことは贈与の相談を受けるに際して司法書士として最低限備えておくべき税務知識であると考える。税法は毎年のように改正されることから、日々の情報収集と研鑽を怠ってはならない。

なお、税理士でない者が税務相談を受けることは、税理士法違反となることには十分に留意していただきたい。財産の評価や適用される税法や特例については税理士へ照会するなり、税理士と協働するなりして、依頼者の目的に沿った真の利益を図る必要がある。

第3

死因贈与

Ⅰ　死因贈与とは

死因贈与は、贈与者の死亡を効力発生の始期とする贈与契約である。そのため、遺贈とよく比較される。

遺贈は、遺言としての単独行為かつ要式行為であることから、受遺者の意思や思惑にかかわらず遺言者が自らの意思で作成することができる一方、死因贈与は当事者間における無償かつ片務の諾成契約であることから、贈与者と受贈者の贈与の意思の合致がなければそもそも成立し得ないというところが最大の差異である。

他方で、どちらも自己の財産を無償で与えるものであること、贈与者の死亡によって効力が生ずること、死因贈与には「その性質に反しない限り、遺贈に関する規定を準用する」（民法554条）とされることなどから共通点が多い。

Ⅱ　遺贈の規定の準用

1　概　要

死因贈与に準用される遺贈に関する規定は、主として効力に関する規定であるとされており（最判昭和32・5・21民集11巻５号732頁）、そのほかとしては、次の①～③があげられる。

①　包括遺贈および特定遺贈（民法964条）

②　遺言執行に関する規定（民法1006条ほか）

③　遺贈の撤回に関する規定（民法1022条）

一方で、死因贈与に準用されない規定としては、次の①～④があげられるであろう。

①　遺言能力の規定（民法961条・962条）

②　遺言の方式（民法967条～984条）

③　遺贈の承認・放棄に関する規定（民法986条～989条）

④　遺言書の検認・開封に関する規定（民法1004条）

2　死因贈与への準用をめぐる考え方

⑴　負担付き死因贈与契約の撤回

死因贈与は、最判昭和47・5・25民集26巻４号805頁において死因贈与について遺言の取消しに関する民法1022条を準用する（ただし、方式に関する部分を除く）とされたことから、贈与者において、その撤回をすることが可能であるとして、負担付き死因贈与契約の撤回ができるか否かが争われた判例（最判昭和57・4・30民集36巻４号763頁）がある。

この判例は、「負担の履行期が贈与者の生前と定められた負担付死因贈与契約に基づいて受贈者が約旨に従い負担の全部又はそれに類する程度の履行をした場合においては、贈与者の最終意思を尊重するの余り受贈者の利益を犠牲にすることは相当でないから、右贈与契約締結の動機、負担の価値と贈与財産の価値との相関関係、右契約上の利害関係者間の身分関係その他の生活関係等に照らし右負担の履行状況にもかかわらず負担付死因贈与契約の全部又は一部の取消をすることがやむをえないと認められる特段の事情がない限り、遺言の取消に関する民法1022条、1023条の各規定を準用するのは相当でないと解すべきである」と判示し、受贈者がその負担の全部またはそれに類する程度の履行をした場合には、特段の事情がない限り、撤回することはできないとした。

⑵　死因贈与の受贈者が、贈与者よりも先に死亡した場合の効力

死因贈与の受贈者が、贈与者よりも先に死亡した場合はどうであろうか。死因贈与は、その性質に反しない限り、遺贈に関する規定を準用するとされているところ、民法994条１項は、「遺贈は、遺言者の死亡以前に受贈者が死亡したときは、その効力を生じない」と定めている。

そのため、一見、贈与者よりも先に受贈者が死亡した場合は、死因贈与は効力を生じないと考えられるが、この点については判例は見解が分かれている。

準用を否定した判例として、京都地判平成20・2・7判タ1271号181頁は、民法994条１項の規定は遺言は遺言者の一方的な意思表示によってなされるものであり、遺言者よりも先に受贈者が死亡した場合には、遺言者は再度遺言により処分をすることができるから合理的な理由があるとして、「死因贈与は贈与者と受贈者との間の契約である以上、受贈者の意思で一方的に撤回することはできない……うえ、契約成立の時点において、受贈者には贈与者の死亡によって当該死因贈与の目的物を取得できるという期待権が生じて」おり、「民法994条１項を死因贈与に準用する旨の明文の規定がないことを考慮すれば、受贈者が贈与者より先に死亡した場合、死因贈与は効力を生じないとはいえない」と判示し、受

贈者が贈与者より先に死亡し、後に贈与者が死亡した場合であっても、死因贈与は効力を生じ、その目的物は受贈者の遺産になるとしている。

これに対し、準用を肯定した判例として、東京高判平成15・5・28家月56巻３号60頁は、民法994条１項は「遺贈が無償の財産供与行為であり、何らかの個別的な人間関係に基づいてされるものであるであるため、遺贈者の意思は通常個別的な人間関係のある特定の者、つまりは受贈者に向けられたものであって、遺贈の効力が生ずる以前に当該受遺者が死亡したときには遺贈者が意図した供与の相手方が存在しなくなったがゆえに遺贈の効力を否定する趣旨でもうけられたものと解するのが相当である」として、「死因贈与が無償の財産供与行為であり、かつ、供与者の死亡によって本来は相続人に帰属すべき財産を相続人に帰属させないで相手方に供与するという点で遺贈と共通性を有する」から、「民法994条１項は、死因贈与に準用されると解すべきである」と判示し、贈与者よりも先に受遺者が死亡した場合には、死因贈与は受遺者の死亡の時点で効力を失うとしている。

Ⅲ　無効行為の転換

無効行為の転換として、形式の不備により無効となる遺言は、死因贈与として有効になるか否かとの論点がある。

判例（東京地判昭和56・8・3家月35巻４号104頁）は、「遺言書が作成されるに至った経緯について既に認定した事実を加えて判断すれば、仮に自筆証書遺言として要式性を欠くものとして無効であるとしても……自分が死亡した場合には自分の財産の２分の１を原告に贈与する意思を表示したものであり、原告はこの申出を受け入れたものであると認めるのが相当である」と判示し、無効な遺言について死因贈与契約の成立を認めている。

したがって、単に形式不備という理由をもって死因贈与に転換できるというわけではない。無効となる遺言が死因贈与として有効と認められるためには、やはり贈与の意思の合致が必要であるから、無効となった遺言の作成に受贈者が関与してその内容を知っていたなどの事情がなければ、死因贈与として当事者間に意思の合致があったと評価できないといえる。

Ⅳ　死因贈与のメリット・デメリット

死因贈与のメリットをあげるとすれば、それは不動産について「始期付所有権移転仮登記ができる」ことであろう。ただし、実際に贈与者が死亡した後の本登記手続においては、贈与者の法定相続人全員との共同申請になることは忘れてはならず、司法書士とすれば諸手を挙げてメリットということにはならない。

なお、諾成契約としての側面から口頭の合意によっても死因贈与契約は成立するという点もメリットとしてあげられなくもないが、後日の紛争予防の観点からして、書面をもって契約をすべきであることはいうまでもない。

税務面では、法定相続人以外の者が死因贈与を受けた場合、贈与税ではなく相続税として課税対象となることから、単純な贈与と比較してある程度税率面での利点がある一方で、死因贈与の受贈者が法定相続人である場合であっても、登録免許税は相続・遺贈と比較して５倍の割高になること、不動産取得税が課税されてしまうことは覚えておかなければならない。

Ⅴ　死因贈与に関するその他の留意点

1　遺留分侵害額の請求のリスク

死因贈与により、法定相続人の遺留分を侵害している場合には、遺留分侵害額の請求を受ける可能性があることも留意しなければならない。

2　遺言との優劣

遺言との優劣も注意すべき点である。過去に死因贈与契約を結んだことがある者が新たに遺言を作成する際、死因贈与契約と抵触する内容となる場合には、抵触する部分において死因贈与契約が撤回されたこととなり、遺言が優先することを説明しておかなければならない。

死因贈与契約をしたことを忘れて、後日、全財産を特定の者に相続させるといった遺言を作成しようものなら、その死後に死因贈与契約との優劣について紛争が生じること間違いなしである。

第4

寄　付

自己の財産を相続人に残したくない、または、社会貢献に活かしたいという依頼者もいるだろう。そのような場合には、寄付という選択肢もあり得る。

寄付は、民法上の定義はなく、一般的には、金銭等の財産を公共団体、公益法人、福祉団体、医療機関、宗教団体などへ無償で提供する行為と定義づけられている。実質的に贈与と何ら変わりはない。当然、生前に行うことができるし、死後に行いたいのであれば、遺言を利用して遺贈としてするということもできる。

なお、近年は、日本赤十字社、奨学金団体、NPOなどはそのウェブサイトにおいて、生前の寄付や遺贈について個別にページを設けて案内をしているので、参考にするとよいであろう。

個人が法人に寄付（贈与または遺贈）した場合には、贈与者たる個人には譲渡所得税が課税されることになるが（→本章第2 II 1(2)(ア)）、国や公益法人等に財産を寄付した場合には、譲渡所得等の非課税の特例（租税特別措置法40条1項）がある。教育または科学の振興、文化の向上、社会福祉への貢献その他公益の増進に著しく寄与したものとして、国税庁長官の承認を受けることにより、譲渡所得税が非課税となるものである。

第５

売　買

これまで贈与について述べてきたが、当然ながら売買という手法もとり得るだろう。売買もまた、自らの意思で、確定的に財産を処分することができる。売買においてもやはり税制には留意しておきたい。

Ⅰ　譲渡所得税

財産を譲渡して利益が生じた場合には、譲渡所得税が課税される。不動産や株式等の譲渡の場合は分離課税となり、それ以外の財産については給与所得等とあわせての総合課税となる。

また、財産の所有期間に応じて、長期譲渡所得と短期譲渡所得に区分され、それぞれ税率が大きく異なる。

譲渡所得であるから、売却代金から取得費や特別控除を差し引いて利益が生じない限りは課税されることはないが、逆に、利益が生じる場合は、譲渡所得税のほかに、翌年の住民税、国民健康保険料の負担が増えることになる。依頼者には売却代金をすべて支出することなく確定申告後もこれらの納税資金を確保しておくようアドバイスしておきたい。

Ⅱ　居住用財産の売却における特別控除

居住用財産の売却においては、政策的見地から、いくつかの特例が用意されている。

1　3000万円までの特別控除

(1)　概　要

居住用財産（不動産としての家屋および土地のほかに借地権も含む）を売却した場合には、所有期間の長短にかかわらず、譲渡所得から最高3000万円まで控除できるものである。[70]

譲渡所得つまりは譲渡益が、3000万円を超えない場合には、全額が控除となるので、譲渡所得税の額は０円ということになる。

なお、譲渡所得が3000万円を超える場合であっても所有期間が10年を超えるなどの一定の要件を満たすことにより、長期譲渡所得に係る税額について、通常よりも低い税率の適用を受けられる。

(2)　適用要件

この特例の適用要件は、次の①～⑧である。

①　自己が居住している家屋を売却すること（家屋とともにその敷地および借地権を売却する場合も含まれる）

②　現在、居住していなくても、居住しなくなった日から３年を経過する日の属する年の12月31日までに売却すること

③　居住していた家屋または空き家を取り壊した場合には、次のⓐⓑの要件すべてを満たすこと

70　国税庁ウェブサイト「タックスアンサー No. 3302（マイホームを売ったときの特例）」〈https://www.nta.go.jp/taxes/shiraberu/taxanswer/joto/3302.htm〉。

ⓐ　家屋を取り壊した日から１年以内に、敷地等の譲渡契約を締結し、かつ、居住しなくなった日から３年を経過する日の属する年の12月31日までに売却すること

ⓑ　家屋を取り壊した後に敷地等の譲渡契約を締結したときまで、駐車場等として賃貸するなどその他の用途に使用していないこと

④　売却した年の前年および前々年に、この特例またはマイホームの譲渡損失についての損益通算および繰越控除の特例の適用を受けていないこと

⑤　売却した年、その前年および前々年に、マイホームの買換えやマイホームの交換の特例の適用を受けていないこと

⑥　売却した居住用不動産について、収用等の場合の特別控除など他の特例の適用を受けていないこと

⑦　災害によって滅失した家屋の場合は、その敷地を居住しなくなった日から３年を経過する日の属する年の12月31日までに売却すること

⑧　売買の当事者（売主と買主）が、親子や夫婦など特別な関係でないこと（この特別な関係には、親子や夫婦のほか、生計を同じくする親族や家屋を売却した後に当該家屋で同居する親族、内縁関係にある者、特殊な関係のある法人なども含まれるので注意が必要である）

⑶　適用除外

この特例は、次の①〜③のような場合には適用されない。

①　この特例を受けることだけを目的として入居したと認められる家屋

②　仮住まいとして使った家屋や一時的な目的で入居した家屋

③　主として趣味、娯楽または保養のために所有する家屋（別荘など）

2　相続・遺贈によって取得した被相続人の居住用財産の売却における特別控除

⑴　概　要

政府の空き家対策として創設された控除である。被相続人が居住していた居住用家屋および居住用家屋の敷地等を、2016年4月1日から2023年12月31日までの間に売却した場合、譲渡所得から最高3000万円を控除できる制度である。[71]

⑵　適用要件

まずは、被相続人が居住していた居住用家屋および居住用家屋の敷地等でなければならない。なお、被相続人が老人ホーム等に入所している間に死亡した場合であっても、一定の要件を満たす場合には、直前に居住していた建物として、この特例の適用を受けられる。

被相続人の居住用家屋の要件は、①1981年3月31日以前に建築された建物であること、②区分所有建物登記がされている建物でないこと、③相続前において、被相続人以外に居住をしていた人がいないこと、である。

被相続人の居住用家屋の敷地等の要件は、相続の開始前において被相続人の居住用家屋の敷地の用に供されていた土地または借地権等の土地の上に存する権利であること、である。

Ⅲ　その他の特別控除

このほかにも、不動産を売却した際に受けられる特別控除としては、

71　国税庁ウェブサイト「タックスアンサー No. 3306（被相続人の居住用財産（空き家）を売ったときの特例）」〈https://www.nta.go.jp/taxes/shiraberu/taxanswer/joto/3306.htm〉。

次の①〜⑦があるので確認しておきたい。

① 公共事業などのために不動産を売った場合の5000万円の特別控除の特例[72]

② 特定土地区画整理事業などのために土地を売った場合の2000万円の特別控除の特例[73]

③ 特定住宅地造成事業などのために土地を売った場合の1500万円の特別控除の特例[74]

④ 2009年および2010年に取得した国内の土地を譲渡した場合の1000万円の特別控除の特例[75]

⑤ 農地保有の合理化などのために土地を売った場合の800万円の特別控除の特例[76]

⑥ マイホームを買い換えた場合に譲渡損失が生じたとき（マイホームを買い換えた場合の譲渡損失の損益通算および繰越控除の特例[77]）

⑦ 住宅ローンが残っているマイホームを売却して譲渡損失が生じたとき（特定のマイホームの譲渡損失の損益通算および繰越控除の特例[78]）

---

72 国税庁ウェブサイト「タックスアンサー No. 3552（収用等により土地建物を売ったときの特例）」〈https://www.nta.go.jp/taxes/shiraberu/taxanswer/joto/3552.htm〉。

73 国税庁ウェブサイト「タックスアンサー No. 3223（譲渡所得の特別控除の種類）」〈https://www.nta.go.jp/taxes/shiraberu/taxanswer/joto/3306.htm〉。

74 前掲（注73）参照。

75 前掲（注73）参照。

76 前掲（注73）参照。

77 国税庁ウェブサイト「タックスアンサー No. 3370（マイホームを買換えた場合に譲渡損失が生じたとき（マイホームを買換えた場合の譲渡損失の損益通算及び繰越控除の特例））」〈https://www.nta.go.jp/taxes/shiraberu/taxanswer/joto/3370.htm〉。

78 国税庁ウェブサイト「タックスアンサー No. 3390（住宅ローンが残っているマイホームを売却して譲渡損失が生じたとき（特定のマイホームの譲渡損失の損益通算及び繰越控除の特例））」〈https://www.nta.go.jp/taxes/shiraberu/taxanswer/joto/3390.htm〉。

Ⅳ　低額譲渡によるみなし贈与

不動産であれば一般的には親族関係などの特別の関係がない者への売却が主になると思われる。とはいえ、もちろん、中には親子間における売買もある。

親子間ではなくとも親戚、知人同士の個人間売買においては、得てして売買金額を低額に抑えたいという要望は多く、売買代金をいくらにすればよいかという問合せを受けることが少なくない。客観的な時価の算出については、宅地建物取引業者から近隣取引事例を基にした簡易的な査定を受けるなどにより通常の取引価額を基準とすればよいということになるであろうが、みなし贈与の問題も生じるため（→本章第2Ⅱ2(3)(イ)）、低額譲渡とならないように、依頼者には事前に税務署や税理士に確認するようアドバイスをするべきである。

第６

生命保険の活用（相続税対策・遺留分対策）

財産の生前処分には、生命保険契約を活用するということも考えられる。納税資金を準備するため、また、相続税の非課税枠（相続人一人につき500万円まで）の活用もできることから、生命保険は相続税対策としてよく利用されるが、実は遺留分対策としても有益である。相続人を受取人として指定がなされた生命保険契約は、相続財産として勘定されず（相続税の計算上はみなし相続財産となる）、原則として受取人固有の財産とみなされ、特別受益の持戻しの対象とはならない（最決平成16・10・29民集58巻７号1979頁）。そのため、遺留分侵害額請求の対象としても遺産分割協議の対象ともならない。

ただし、この決定は、「死亡保険金請求権の取得のための費用である保険料は、被相続人が生前保険者に支払ったものであり、保険契約者である被相続人の死亡により保険金受取人である相続人に死亡保険金請求権が発生することなどにかんがみると、保険金受取人である相続人とその他の共同相続人との間に生ずる不公平が民法903条の趣旨に照らし到底是認することができないほどに著しいものであると評価すべき特段の事情が存する場合には、同条の類推適用により、当該死亡保険金請求権は特別受益に準じて持戻しの対象となると解するのが相当である」と判示し、特段の事情については、「保険金の額、この額の遺産の総額に対する比率のほか、同居の有無、被相続人の介護等に対する貢献の度合いなどの保険金受取人である相続人及び他の共同相続人と被相続人との関係、各相続人の生活実態等の諸般の事情を総合考慮して判断すべきである」と判示していることから、生命保険の活用にあたっては、この点についてもアドバイスが必要である。

また、あくまで受取人指定がされたものが受取人固有の財産とみなされるのであって、そもそも受取人が指定されていない場合や受取人が被相続人自身とされている場合、または指定された受取人が先に死亡している場合には、当然に相続財産として勘定されることになる。

生命保険を利用する場合には、上記のほか税制面で注意しなければならないことがある。

保険契約者つまりは保険料支払者が被相続人、被保険者が被相続人、受取人に推定相続人を指定しているというケースであれば、推定相続人が受け取った死亡保険金は、上述のとおり受取人固有の財産とみなされ、相続税の課税対象として非課税枠が利用できることになる。

これに対して、保険料支払者が父、被保険者が母、受取人が子というケースでは、被保険者である母が亡くなったとき、子は何らの金銭負担なく保険金を受け取ることになるので、贈与類似の行為として贈与税の課税対象となる（→本章第２Ⅱ２(3)(ア)）。

また、保険料負担者も受取人も子で、被保険者が父というケースでは、所得税の課税対象となる。このように、保険契約における当事者の違いで課税される税金の種類が異なってくることになる。

第７

債務の処理

債務も当然に相続の対象となる。司法書士であれば当然知っていることであるが、一般の方の大多数は、この事実を知らないまたは気が付かないと思われる。

多額の債務を残して死亡した場合、当然にこれらは法定相続人に法定相続分の割合に応じて相続されることになる。

相続債務の調査を依頼されることがあるが、一般的には、一般社団法人全国銀行協会、株式会社日本信用情報機構（JICC）、株式会社シーアイシー（CIC）に被相続人の信用情報の開示を求めることが通常である。ただ、買掛金などの事業債務、知人友人などの個人からの債務や保証債務については把握することはできないため、被相続人の相続債務を網羅的に調査する方法はない。

債務があることを明らかにせず死亡した場合において、先に相続人らが、預貯金や不動産等の資産を処分してしまった場合、話が違うということが起こりうる。すなわち、長男がすべて相続したにもかかわらず、後々、多額の負債があることが判明した場合、資産を承継しなかった相続人らは、負債のみを相続してしまうからである。負債のあることがわかっていたのであれば、たとえ債権者に対して主張できないにしても、遺産分割協議において負債も長男が負担するという意思決定ができたのではないか、もしくは、結果長男がすべて取得するのであれば相続放棄を選択することができたのではないか、といった判断ができるからである。

本人に多額の負債があり、積極財産とともに負債を相続したとしても、相続人全員が相続放棄をしたり、負債の存在を知らず単純承認した相続人らが自己破産などの債務整理をしたりしなければならない状況にあるのであれば、生前に本人が債務整理（自己破産や任意整理、民事再生等）をして、負債の返済義務をなくしておくことも選択肢の一つである。また、相続人が相続放棄をする場合でも、第三順位までの相続人全員が相続放棄をしなければ相続人不存在とはならず、また、相続財産管理人が選任され、財産の管理権が管理人に移行するまでの間は、相続放棄をした相続人に管理義務が残る問題もある。

司法書士としては、単に死亡後に相続人に相続放棄をするようにアドバイスするだけではなく、状況を踏まえて、相談者の資力や年齢を考え債務整理を提案することも検討しなければならない。

第８

遺　言

Ⅰ　遺言作成の相談にあたって

財産承継の方法として、生前贈与や民事信託などがあるが、遺言作成の検討は欠かせない。生前贈与の場合には贈与税のほかにも特に不動産の場合には不動産取得税や登記費用もかかるところであるし、民事信託もその綿密な契約条項の作成とその十分な理解が必要となるところであるから、なかなか困難であることが多いのも実情であろう。

時にそのような事情を知ってか知らずか、不動産の贈与をしたいという依頼が舞い込むことがある。そこでは、遺言による財産承継の手法も含めてアドバイスする必要がある。

それらも含め遺言の作成をすることになったとすれば、相談者がどのような意図で遺言を作成したいのか、その受遺者と分配すべき財産の内容、執行の容易さや状況の変更の可能性など、さまざまな観点から検討した遺言作成のアドバイスをすることになる。

なお、相続人が存在しないケースには、当事者の意思によっては、遺言によらず養子縁組をすることで、財産承継の問題を解決できることもあるから、その旨のアドバイスも忘れずにすることも必要である。また、養子縁組の場合に民法810条ただし書（婚姻によって氏を改めた者については、婚姻の際に定めた氏を称すべき間は、この限りでない）により、養子が姓を変える必要がない場合もあることから、その養子縁組のハードルが下がることもあるものと思われる。

Ⅱ　遺言の種類

1　公正証書遺言

遺言作成の依頼を受ける際には、公正証書遺言によることを勧めることが一般的であろう。

公証人が関与することで遺言の要式性を欠くことがないことが担保されるほか、遺言作成時の判断能力の問題や遺言執行にあたっての容易さなど、その後に生じるトラブルを回避し、手間を省くことが可能になる。

2　自筆証書遺言

公証人のスケジュールや費用によっては、自筆証書遺言の選択をすることもあるものと思われる。

特に、遺言作成者が高齢者であったり病気を患っていたりする場合など、公証人との調整や必要な戸籍や印鑑証明書などの手配に時間がかかることが予想される場合には、打合せの段階でも可能であれば、自筆証書遺言を作成しておき、万一の場合に備えておくべきである。

3　一般危急時遺言

一般危急時遺言の要件は、次の①～④のとおりである（民法976条）。

①　証人３名以上の立会いをもって、その１名に遺言の趣旨を口授する

②　口授を受けた証人がそれを筆記する

③　口授を受けた証人が筆記した内容を、遺言者および他の証人に読み聞かせ、または閲覧する

④　各証人が筆記の正確なことを承認した後、遺言書に署名し印を押す（その際、推定相続人は証人になれないことに留意することが必要である。なお、後日清書した書面に証人が署名押印したものであっても有効であるとされている（最判昭和47・3・17民集26巻２号249頁））

危急時遺言は、病室のベッドの上で作成されることが多いと思われる。死期が迫る中、最後の力を振り絞って、相続人に争いが生じないように自身の考えや遺産の分配方法について、自身の意志を残す場に立ち会うことの責任とこれを相続人に確実に伝える義務は重大である。

危急時遺言は、遺言の日から20日以内に家庭裁判所の確認を受けなければ効力が生じない。実務では危急時遺言の確認の申立てをすると、調査官の確認が行われる。遺言者が生存していれば、調査官が実際に病室の遺言者を尋ね、その意思や遺言者の状態を確認することになる。調査官の確認前に遺言者が死亡していれば、遺言作成に立ち会った者全員が家庭裁判所に呼出しを受け、審問されることになる。

Ⅲ　遺言の内容

遺言内容として留意すべき事項は、遺留分の問題や遺言の効力発生時に受遺者が死亡していた場合（同時死亡も含む）の問題、遺言執行者や祭祀の承継者をどのように定めるかという問題が考えられる。

１　遺留分の問題

相続においては、具体的相続分の算定の根拠の一つとされる特別受益を含む生前贈与の内容があいまいな結果、相続人間で紛争になることがしばしばであるが、遺留分の算定においても同様である。

遺言を作成してもらった受遺者でも、遺留分の存在によっては安心することができない。遺言作成時において、すでに一部の相続人には生前の贈与をしているので問題は生じないということを聞いても、鵜呑みにせずに、その証拠の有無を明らかにするよう助言し、必要に応じて、遺言本文や付言事項に生前贈与の存在を明記することも検討したほうがよいであろう。

ただし、生前贈与は、当事者双方が遺留分権利者に損害を与えることを知ってなされたことが必要であるから、遺言の受遺者が遺留分侵害額請求権者に同人の特別受益の存在で対抗するのは容易とはいいがたいものであろう。

この点、2019年７月に施行された「民法及び家事事件手続法の一部を改正する法律」（平成30年法律第72号）により、特別受益となる贈与は相続開始前の10年間にされたものという期間制限がされることになった（民法1044条３項・１項）。さらに、遺留分を侵害された者は、遺贈や贈与を受けた者に対し、遺留分侵害額に相当する金銭の請求をすることができる（同法1046条１項）。遺贈や贈与を受けた者が金銭を直ちに準備することができない場合には、裁判所に対し、支払期限の猶予を求めることができる（同法1047条５項）という改正がなされている。

この結果、遺留分侵害に対して不動産を交付する内容の合意をした場合には、代物弁済となって譲渡所得税の対象となることが税務上の留意点としてあげられているので（所得税基本通達33－１の６）、注意すべきである。

2　遺言の効力発生時に受遺者が死亡していた場合の問題

遺言が効力を発生した時に受遺者が先に死亡していた場合（同時死亡も含む）、代襲せず、遺言は予備的遺言（補充文言）がない限り無効となるが（最判平成23・2・22民集65巻２号699頁）、遺言作成者の念頭にないのが一般である。財産の承継のみならず祭祀の承継者となっているケースもあるので、不測の事態に備えた助言が必要となる。

3　遺言執行者の指定の問題

遺言執行者については、相続人がそのまま遺言執行者として指定されることが多くあるが、自筆証書遺言で遺言執行者の指定がない場合、家庭裁判所では受遺者をそのまま遺言執行者とする取扱いをしないことが多いようである。

これは、遺言執行者が相続人の代理人となるほか、各種の義務を履行する必要があり、公正性が求められるからだと思われるが、自筆証書遺言で遺言執行者を指定していないなどの場合には検認手続とあわせ（ただし、法務局における自筆証書遺言書保管制度を利用した場合を除く）、遺言執行者選任の審判申立てが必要であること（費用も別途必要になる）もあわせて助言する必要がある。

なお、司法書士等が遺言執行者になる場合には、遺産承継業務の問題点（→本章第11 II）と同じ問題が生じることを留意すべきであろう。

Ⅳ　遺言の課題

法制審議会民法・不動産登記法部会（第８回会議）において、「遺言の見直しに関する検討課題」（部会資料15）が審議された。

資料によれば、最後の遺言か否か、撤回されたか否かが判明しないことの弊害を是正したいとの提案がなされた。この弊害の是正のためには、遺言に関する保管センターのような機関を設けることが想定されるが、遺言の見直しが自由にできるとともに、遺言者の最後の意思を尊重する観点からは課題が多い。

しかし、後日の紛争を惹起させないためにも、遺言の見直しをする際ばかりでなく、初めて（と思われる）遺言を作成する場合には、従前に作成していないかを確認することも大事になる。

また、場合によっては遺言があるにもかかわらず、相続人全員の合意により別途遺産分割協議をすることが事実上行われている（ただし、民法908条による遺産分割の禁止がなされている場合を除く）。このことについての法的根拠や理論構成はさておき、遺言が遺言者の最後の意思を尊重するといいながら、このような状況を許すのが問題ないのかどうか、今後の課題となるものと思われる。

第９

任意代理・任意後見と法定後見

Ⅰ　相談にあたって

「これまで自分で自身の財産管理をしてきたが、最近物忘れの症状が出てきたように感じられる。今後、認知症等により自ら財産を管理することができなくなったときのことを考えると不安だ」といった相談があった場合に、私たち司法書士は、どのようなアドバイスを提供すべきだろうか。

一般的には、法定後見制度よりも任意後見制度についての説明を行い、相談者自身の任意後見受任者を頼むことができそうな親族はいないか、具体的にどのような事項についての財産管理を頼みたいかについて、相談者に検討してもらうという手順になると思われる。

成年後見制度のうち、法定後見制度については、すでに判断能力が不十分になっている人のための制度、任意後見制度については将来に備えてのための制度という「棲み分け」がなされている。そして、任意後見制度については成年後見制度の基本理念の一つである「自己決定の尊重」を最大限に実現するための制度であるとされている。この考え方自体は決して間違っているわけではないが、本人の生前における相談から死後の事務までという時間軸における、本人の生前の財産管理および身上保護について、本人の意思の尊重および実現という観点から、法定後見制度と任意後見制度についてもう一度再検討したうえで、相談者にとってよりよい提案をできないかを追求する契機にしたい。

Ⅱ　任意後見契約

委任者本人が、受任者に対し、精神上の障がい（認知症・知的障がい・精神障がい等）により自己の判断能力が不十分な状況となった場合における、自己の生活、療養看護および財産の管理に関する事務の全部または一部について代理権を付与するのが任意後見契約である（任意後見契約に関する法律2条1号)。任意後見契約は、任意後見監督人が選任された時から契約の効力が生ずる旨の特約が付される（同号)。

任意後見契約には、将来型、移行型、即効型の三つの利用形態がある。

1　将来型

将来型は、任意後見契約締結後に、本人が、実際に自己の判断能力が低下した時点（具体的には、法定後見の後見類型・保佐類型・補助類型のいずれかの類型に該当する判断能力の状態となった時点）に至って初めて任意後見人による支援を受けようとする場合の利用形態である。

2　移行型（任意代理）

移行型は、契約締結後、本人の判断能力が低下するより前から受任者に財産管理等の事務を委託し、実際に判断能力が低下した以降に、受任者等の申立てにより家庭裁判所から選任された任意後見監督人の監督の下に受任者が財産管理等の事務を継続するというものである。

通常の委任契約（任意代理）と任意後見契約の二つの契約を同時に締結し、本人の判断能力低下を起点として任意代理から任意後見に「移行」することから移行型と呼ばれる。

移行型における任意代理の開始時は、当該委任契約の定めによる。契約締結と同時に発効する場合もあれば、本人が身体を自由に動かせない状態になるなど、判断能力低下以外の事情で自身による財産管理が困難となった時点から発効する場合もあり、本人の具体的事情に応じて開始時期を設定することとなる。

この移行型については、任意代理の段階で監督人（監督機関）がいないことを奇貨として受任者が本人の知らない間に広汎な代理権を濫用的に行使する事案や、本人の判断能力が低下しているにもかかわらず受任者が任意後見監督人選任の申立てをしない不適切な事案が指摘されている。

受任者による権限濫用や不正防止のためにも、①任意代理における代理権の範囲を必要最小限度のものに限定する、②任意代理の受任者による本人に対する定期的な報告義務について契約で定める、③受任者の本人の見守り義務について契約で定める、④任意代理の段階で、発効後の任意後見監督人に相当するような監督機関を設ける、などの対応が考えられる。

3　即効型

即効型は、任意後見契約締結の直後に任意後見監督人選任の申立てと選任がなされることにより、即時に任意後見契約の効力を発生させる利用形態のことをいう。

任意後見契約は、契約当事者である本人が契約内容を十分に理解していることが締結の前提とされるが、契約締結の時点で本人の判断能力の低下が認められるとしても、それが法定後見の補助類型のレベルにとどまっていれば、一般に任意後見契約締結のために必要とされる意思能力はあるとされている。

一方、本人の判断能力低下が保佐類型レベルまで達している場合は、任意後見契約の締結に立ち会う公証人による意思の確認作業が、より慎重に行われることになるであろう。

Ⅲ　任意後見・任意代理の相談を受ける際の注意点

1　受任候補者について、本人に意中の親族等がいる場合

任意後見制度の利用について相談者本人が前向きに検討するという場合は、受任候補者となり得る親族等が存在するか否かを、本人に確認すべきである。任意後見契約を締結しないまま判断能力が低下した場合には法定後見制度を利用するしか選択肢がなくなるが、法定後見人を選任するのはあくまで家庭裁判所であり、本人の意中の親族等に成年後見人等を務めてもらいたいという本人の希望どおりにいかない可能性があるからである。本人にしてみれば、意中の親族等が存在するにもかかわらず、今まで会ったこともない第三者に自分の財産を委ねるということに対して、心理的抵抗を感ずるであろうことは想像にかたくない。

他方で、あらかじめ意中の親族との間で任意後見契約を締結しておけば、原則として任意後見が法定後見に優先されるので、本人は自ら望んだ者からの支援を受けることができる。

本人に意中の親族等がいるという場合には、本人および当該親族等の双方に対し任意後見制度についての説明を再度行い、双方の意向を確認することになるであろう。

2　受任候補者について、本人に意中の親族等がいない場合

本人に受任候補者となり得る意中の親族等がいない場合は、本人としては相談対応した司法書士に委任したいという意向を示すケースも少なくないであろう。

ただ、司法書士としては、安易に本人の意向に応諾するのではなく、本人に対し任意後見契約締結に基づく委任者と受任者の関係が長期間に及ぶ可能性があること、決して少額とはいえない報酬が生ずること、契約が発効すれば自身の財産を委ねることになること、任意後見契約の当事者双方における信頼関係の構築および維持が必要となることを説明する必要がある。

そのうえで、本人が任意後見人に対して希望する内容、その希望する内容を実現するための資産が本人にあるか否か、任意後見事務の遂行の対価として相当とされる報酬の確保可能性などを慎重に検討したうえで、受任の可否について決定することになる。

Ⅳ　法定後見制度における本人の自己決定の尊重

成年後見制度の理念としては、①本人の意思・自己決定の尊重、②ノーマライゼーション、③本人の残存能力の活用が主にあげられている。そのうち、①本人の意思・自己決定の尊重の理念を最大限反映したものが任意後見制度であるといわれている。

それでは、法定後見制度においては、本人の意思・自己決定の尊重の理念は、どの程度反映されているであろうか。

この点について、法定後見制度について定めた民法の各条項の中で、

本人の意思・自己決定の尊重の理念が反映されている条文を確認してみると、次のⓐ〜ⓖのとおりとなる。

ⓐ　成年被後見人・被保佐人の日用品の購入その他日常生活に関する行為についての取消権の制限（民法9条ただし書・13条1項ただし書・2項ただし書）

ⓑ　保佐人・補助人の同意を得なければならない行為について保佐人・補助人が同意しない場合の、保佐人の同意に代わる家庭裁判所の許可（同法13条3項・17条3項）

ⓒ　本人以外の者の請求により補助開始の審判をするには、本人の同意がなければならないとされていること（同法15条2項）

ⓓ　本人以外の者の請求により補助人の同意を要する旨の審判をするには、本人の同意がなければならないとされていること（同法17条2項）

ⓔ　家庭裁判所による成年後見人の選任にあたっては、成年被後見人の意見も考慮事情とされていること（同法843条4項。保佐人について同法876条の2第2項、補助人について同法876条の7第2項で準用）

ⓕ　成年被後見人の意思を尊重する義務（同法858条。保佐人について同法876条の5第1項、補助人について同法876条の10第1項で準用）

ⓖ　本人以外の者の請求によって保佐人・補助人に代理権を付与する旨の審判をするには、本人の同意がなければならないとされていること（同法876条の4第2項・876条の9第2項）

V　任意後見制度と法定後見制度の比較

法と家庭裁判所の決定により支援する者および支援の内容が決まる法定後見と異なり、任意後見の場合は制度を利用する本人が支援する人と内容を自らの主体的判断で決定することができるという点では、本人の自己決定尊重の理念の反映としては優れている。もっとも、細かな点に着目すると、利用者にとっては法定後見のほうにメリットがあるという場合もある。

そこで、ここでは、相談者に対して任意後見制度の利用を勧めるか、将来の法定後見制度に委ねるかの判断にあたって注意すべき点を検討してみたい。

1　報酬コストの違い

任意後見制度と法定後見制度との比較において、法定後見のほうにメリットがあるのは、まず第一に報酬の点の違いである。

⑴　任意後見における任意後見人・任意後見監督人の報酬

任意後見制度利用の検討にあたり、まず念頭におく必要があるのは任意後見人および任意後見監督人の報酬である。

㋐　親族以外の第三者が任意後見人となる場合

特に親族以外の第三者が任意後見人となる場合は、通常月額数万円の定額報酬に加え、特別な事務を行った場合の付加報酬の定めがなされるのが一般である。

任意後見契約は任意後見監督人が選任されることにより発効することになるので、任意後見監督人の報酬も任意後見人の報酬とは別に発生することになる。たとえば、任意後見契約において任意後見人の報酬を月額３万円とすると、年間36万円の支出となるが、これに任意後見監督人の報酬が加わることになる。

任意後見監督人の報酬は、任意後見監督人の報酬付与の申立てに基づき家庭裁判所がその額を決定するが、筆者の経験では、任意後見監督人報酬の相場は任意後見人報酬のおよそ半分程度と思われる（さきほどの例でいくと、年間18万円の報酬ということになる）。

(イ)　親族が任意後見人となる場合

親族が任意後見人を務める場合には任意後見人報酬は無償とされることが多いが、それでも任意後見監督人の報酬は発生する（任意後見人とは独立した立場にある者が任意後見監督人に選任されるであろうことから、報酬を前提としない別の親族が任意後見監督人に選任されるという可能性は低い）。

(ウ)　本人の資産および定期収支状況の事前検討

これらの点からみると、特に親族以外の第三者を任意後見人とする任意後見制度の利用にあたっては、利用する本人の資産および定期収支状況（定期収支赤字の場合は予測できる余命年数）の事前検討が不可欠である。本人に将来の報酬コストを負担させるだけの十分な資力が認められないために、任意後見制度の利用を断念せざるを得ない場合もあり得るだろう。

(2)　法定後見における法定後見人の報酬

他方で、法定後見の場合は、法定後見人の報酬は本人の資力を鑑みて家庭裁判所がその都度決定するが、一般に本人の生活維持に支障を来すほど過大な報酬額を家庭裁判所が付与することは考えにくいし、最近では、成年後見制度利用支援事業に基づく自治体からの報酬助成も拡充している。

法定後見の場合でも、家庭裁判所の判断で監督人が付されれば、監督人の報酬も発生することになるが、その場合、家庭裁判所は監督人の報酬額も考慮に入れたうえで法定後見人の報酬額を決定することになるので、監督人が付されることによる報酬コストの増大の可能性は低いと思われる。

2　取消権の有無

任意後見制度と法定後見制度で大きく異なるもう一つの点は、取消権の有無である。

任意後見人は、本人が行った自らに不利益な法律行為であっても取消権がない。

一方、法定後見においては、後見類型・保佐類型・補助類型の各類型ごとに範囲は異なれども、法律上当然に、あるいは申立てに基づく家庭裁判所の審判により、法定後見人に取消権が付与される。日常生活に関する法律行為については法定後見においても取消権行使の対象とはならないが、特に本人が在宅独居という場合には、本人が自己に不利益な法律行為を行ってしまうリスクが高いため、取消権の有無は重要である。

本人がすでに補助相当の判断能力低下の状況にあるという場合、法定後見の補助開始の審判申立てという方法と、即効型の任意後見契約締結という方法と、二通りの手段が考えられるが、取消権の行使可能性という点を重視するのであれば補助制度の利用を勧めたほうがよいと考えられる。

3　代理権の範囲

⑴　任意後見の場合

任意後見の場合、任意後見人に付与する代理権の範囲については、あらかじめ任意後見契約において定めておく必要がある。

任意後見契約の発効後は、任意後見人はあらかじめ定められた代理権の範囲内でしか代理権を行使することができず、代理権の範囲外の法律行為については、任意後見人は代理権を行使することができない。

したがって、おのずと任意後見契約において定められる代理権の範囲については実務上包括的なものとならざるを得ない。

任意後見監督人の選任申立ては、本人の判断能力の低下が法定後見の補助相当の場合であっても可能であるとされるので、本人にある程度の判断能力が残っているにもかかわらず任意後見人に広汎な代理権が付与される場合もある。

⑵　法定後見の場合

他方で、法定後見の場合、後見類型における成年後見人には、あらかじめ包括的な範囲の代理権が与えられているが、保佐類型および補助類型の場合は、申立てに基づき家庭裁判所によって付与された範囲の代理権に限定される。あらかじめ付与された代理権以外の事項について保佐人・補助人に代理権の付与が必要な事態となれば、その都度代理権追加付与の審判申立てがなされることにより、本人が関与したうえで、保佐人・補助人に必要な範囲で代理権が付与されることとなる。

保佐類型・補助類型における代理権の付与手続においては、本人の自己決定の尊重に加え、本人の残存能力の活用という成年後見制度の理念が強く反映されたものとなっている。

4　誰を本人の支援者とするかの決定権限

任意後見と法定後見の大きな違いとしてあげられるのは、本人を支援する者を具体的に誰にするかの最終決定権限が、本人にあるか、家庭裁判所にあるかという点となる。

もっとも、法定後見の場合における家庭裁判所による成年後見人等の選任においても、成年被後見人等である本人の意見が考慮事情とされている（民法843条４項。保佐人について同法876条の２第２項、補助人について同法876条の７第２項で準用）。

また、保佐類型・補助類型については、代理権付与について本人の同意が必須とされているが（民法876条の４第２項・876条の９第２項）、本人の立場とすれば、具体的に誰を保佐人・補助人とする予定なのかがわからなければ、同意するか否かについても判断できないのではないだろうか。その意味では、特定の保佐人候補者・補助人候補者が定まっていない段階で本人に同意を求めるという運用は手続的に問題があるといえる。

したがって、同じ法定後見人の選任の場面においても、特に保佐類型・補助類型においては、本人が自身の支援者として特定の者を希望している場合には、家庭裁判所としても、パターナリスティックな判断よりは、本人の希望に沿った判断にならざるを得ないと考えられる。

Ⅵ　まとめ

冒頭のような相談があった場合の相談者への助言・提案の仕方について、私たち司法書士はどのような提案ができるかということを考えたとき、重要なことは、相談者自身が自身の現状や希望に基づいてよりよい選択をするために必要な情報を提供することである。

これまで述べてきたように、法定後見のうち保佐類型・補助類型においては、支援者の決定や支援の具体的内容について支援を受ける本人の希望が最大限尊重されるしくみとなっていることに加え、その時々の本人の判断能力の状況に応じて、本人にとって本当に必要な範囲内での支援内容にすることができる。

任意後見との比較でいえば、特に即効型の任意後見と、法定後見のうちの補助類型とは、利用対象者としてはかなり重なっている部分があるが、一般論としてどちらが優れているかというのではなく、両制度のメリット・デメリットを比較したうえで、目の前の相談者の具体的状況や、より本人の希望に沿ったほうを提案することになるだろう。

私たち司法書士は、相談者の「自分の事柄については自分で決められるうちは自分で決めたい」という、人としていわば当然の感情に応えるために、よりよい提案ができるように心がけていく必要がある。

第10

狭義の死後事務

I　死亡届の提出

1　死亡届の届出義務者

死亡届は、誰がどこに提出するのか。

戸籍法には、①同居の親族（同法87条1項1号）、②その他の同居者（同項2号）、③家主、地主または家屋もしくは土地の管理人（同項3号）が届出の義務を負うほか、同居の親族以外の親族、成年後見人、保佐人、補助人および任意後見人（任意後見受任者も含む）も届出ができる（同条2項）と規定されている。任意後見受任者は、2019年6月施行の戸籍法改正（令和元年法律第17号）によって、新たに死亡届の提出者になることができるようになった。

2　死亡届の届出先

提出先は、死亡者の死亡地・本籍地または届出人の所在地の市区町村となる（戸籍法87条・88条）。

3　死亡届の届出期間と届出方法

届出義務者は、原則として、死亡の事実を知った日から７日以内に診断書または検案書を添付して届出を行わなければならない（戸籍法86条）。

4　死体（胎）埋火葬許可証と斎場使用許可証

届出後に「死体（胎）埋火葬許可証」と「斎場使用許可証」が交付される。これらの証明書は火葬する際に必要となる。

斎場での火葬後、火葬した旨を「死体（胎）埋火葬許可証」に証明し、戻されるが、これは埋葬する際に必要となる。

5　世帯主が死亡した場合

世帯主が死亡した際には、新たな世帯主を届け出る必要がある（住民基本台帳法25条）。

Ⅱ　行政機関への届出

死亡届以外に行政機関への届出が必要なものはあるか。

届出が必要なものとして、年金受給停止の届出、健康保険（後期高齢者医療保険・国民健康保険）資格喪失届出、介護保険資格喪失のような年金事務所（旧社会保険事務所）や市区町村へ届出をするもののほか、所得税準確定申告、相続税申告等の税務署へ届出をするものなど、各届出が必要なものがあるが、それぞれ期限が設けられているものがある。

健康保険は、国民健康保険か社会保険かによって窓口が異なる。また、年金については、国民年金か厚生年金の別や遺族年金受給の可否など、年金事務所や必要に応じて社会保険労務士に依頼して確認することが必要である。

下記に主な死亡に伴う行政機関への届出が必要な諸手続をまとめたので、参考にされたい（〈図表６〉参照）。

〈図表６〉　死亡に伴う諸手続

手続名	期　限	手続先
死亡届 死体火葬・埋葬許可申請	死亡を知った日から７日以内（国外の場合３か月以内）	死亡地・本籍地・住所地
年金受給停止	死亡後速やかに（国民年金の場合14日以内）	社会保険事務所・市区町村
後期高齢者医療資格喪失届	死亡から14日以内	市区町村
国民健康保険資格喪失届	死亡から14日以内	市区町村
介護保険資格喪失届	死亡から14日以内	市区町村
雇用保険受給資格者証の返還	死亡から１か月以内	受給していたハローワーク
所得税準確定申告	死亡から４か月以内	死亡者の住所地の税務署
相続税の申告	死亡日の翌日から10か月以内	死亡者の住所地の税務署
生命保険金の請求	死亡から２年以内	保険会社
国民年金の死亡一時金請求	死亡してから２年以内	市区町村
国民健康保険加入者の葬祭費請求	葬儀から２年以内	市区町村
健康保険加入者の埋葬料請求	死亡から２年以内	健康保険組合・社会保険事務所
船員保険加入者の葬祭料請求	葬儀から２年以内	健康保険組合・社会保険事務所
労災保険の埋葬料請求	葬儀から２年以内	労働基準監督署
高額医療費の死後申請	対象の医療費の支払いから２年以内	市区町村・健康保険組合・社会保険事務所

国民年金の遺族基礎年金請求	死亡から５年以内	市区町村
国民年金の寡婦年金請求	死亡から２年以内	市区町村
厚生年金の遺族厚生年金請求	死亡から５年以内	社会保険事務所
労災保険の遺族補償給付請求	死亡から５年以内	労働基準監督署
普通自動車所有権移転	相続から15日以内	陸運局支局

Ⅲ　退院・退所の手続

１　死亡者が成年被後見人の場合

成年被後見人が死亡した場合において、必要があるときは、成年被後見人の相続人の意思に反することが明らかな場合を除き、相続人が相続財産を管理することができるに至るまでの間において、病院・施設の費用等を支払い、残置物の引取りや明渡しをすることが可能とされている（民法873条の２）。

この対応は、成年後見の事務の円滑化を図るための民法及び家事事件手続法の一部を改正する法律（平成28年法律第27号）により認められたもの（保佐人、補助人を含まない）である（→第２章第２Ⅱ３）。

病院・施設の費用等の支払いのために本人の預貯金から払戻しが必要な場合には、家庭裁判所の許可が必要になることがあるから（民法873条の２第３号）、注意が必要である。

なお、本人が債務超過の場合、相続人であり、かつ、成年後見人であった者が支払いをすることで、単純承認とされて相続人に相続放棄が認められなくなる可能性があるから、注意が必要である。

2　死亡者が成年被後見人以外の場合

死亡者が成年被後見人以外（被保佐人・被補助人）の場合には、（死後事務委任契約に基づく場合を除き）応急処分義務や事務管理の規定により対応せざるを得ないことになる。

3　遺体の引取り

また、病院等からは遺体の引取りも求められる。本人の自宅での安置が難しい場合には、葬儀場などにて遺体を安置してもらう必要があり、死亡後あるいはその直前から葬儀業者に連絡をとり、そのときに備えることが必要である。

Ⅳ　火葬・埋葬（散骨など）

1　死亡者が成年被後見人の場合

死後事務としての火葬や埋葬について、死亡者が成年被後見人の場合に限り、成年後見人には民法873条の２の規定が適用になり、家庭裁判所の許可を得て、「死体の火葬又は埋葬に関する契約の締結」（同条３号）をすることが可能とされている[79]（→第２章第２Ⅱ３）。

2　死亡者が成年被後見人以外の場合

死亡者が成年被後見人以外の場合には、死後事務委任契約を締結している場合は、その契約内容に従うことになり、それ以外の場合には、応急処分義務や事務管理を根拠として対処することになる。

79　法務省ウェブサイト「Q&A」〈http://www.moj.go.jp/MINJI/minji07_00196.html〉。

また、死亡者が身寄りのない人の場合、市町村長が火葬や埋葬を行うこととされている（墓埋法9条）。

3　散骨サービスの利用など

昨今、埋蔵に代えて散骨サービスを提供する業者も存在する。海洋散骨以外にも、山中葬や樹木葬に加え、宇宙葬など各種ある。ただし、死後事務受任者のみの判断において特殊な形態のサービスを契約することは、本人の意向を確認できない以上難しいことから、現状においては、本人が生前の契約を締結していた場合に限ってのことになるものと思われる。

V　葬儀・墓地

1　死亡者が成年被後見人の場合

葬儀は、どこまで執り行えるのだろうか。

成年後見人が成年被後見人の死後に、寺院等の間で交わす納骨に関する契約も「死体の火葬又は埋葬に関する契約」（民法873条の2第3号）に準じるものとされ、家庭裁判所がその許否を判断することができるものと解されている[80]（→第2章第2Ⅱ3）。

一方、葬儀だけを切り離して成年後見人が執り行うことは、そもそも許可の対象とならない。ただし、他に葬儀を執り行う親族がおらず、葬儀が「死体の火葬又は埋葬に関する契約」の一環としてなされるものであり、かつ、その葬儀費用が成年被後見人の資産や社会的地位等に応じて相当な金額であれば許可の対象とされてもよいのではないかと考える。

80　法務省ウェブサイト「Q&A」〈http://www.moj.go.jp/MINJI/minji07_00196.html〉。

2　死亡者が成年被後見人以外の場合

死亡者が成年被後見人以外の場合には、裁判所の許可の対象とならないことから、被保佐人や被補助人の預貯金から払い戻すことができない。したがって、誰も葬儀をする人がいないときは、墓埋法９条により市町村長がこれを執り行うことになる。

3　相続人の意向の確認

死後事務委任契約において葬儀内容や墓地・埋葬などに関する取決めを行っていた場合でも、どこまで本人の意思を貫徹できるかは、宗教上の色彩を帯びる事柄でもあり、相続人の意向を確認すべきである。

Ⅵ　住居の引渡し

1　建物賃借権の相続、同居人への承継

契約者の死亡によって同居の親族がある場合、賃貸借契約は終了するのだろうか。

建物を賃借していた場合の賃借人が死亡したとしても、賃借権が相続されるから、当然には建物賃借権は消滅しない。

また、仮に相続人がいない場合であっても、借地借家法36条の規定により、内縁の配偶者や事実上の養子が同居する場合には、その者に賃借権が承継されることになる。

2　建物賃借権の相続人による引継ぎの拒否や、相続人間での対立がある場合

問題となるのは、賃借人が一人暮らしで相続人が存在するものの、相

続人がその引継ぎを拒否する場合や、相続人間での対立がある場合となる。

この場合に備えて、死後事務委任契約を締結しておくことは有用である。電気・ガス・水道等の供給契約の解除や、残置物の処分などを行うことなどが、当該契約で可能となる。

3　賃借人が成年被後見人の場合

賃借人が成年被後見人の場合、成年後見人は、成年後見の事務の円滑化を図るための民法及び家事事件手続法の一部を改正する法律（平成28年法律第27号）により、家庭裁判所の許可を得て、居室に関する電気、ガス、上下水道などの供給契約の解約と動産類についてトランクルーム等への寄託契約の締結をして保管することができるようになった（→第2章第2Ⅱ3）。

Ⅶ　遺品整理

遺品整理を業者に依頼する場合、どのような点に注意すべきであろうか。

近時、独居世帯が多くなったことなどから、遺品整理を遺族で行うのではなく、遺品整理業者に依頼することも一般的になり、その業者も相当数存在する。業者の中には、見積り以上に追加料金の支払いを求めたり、遺品の取扱い等に関してトラブルを生じたりする例がある。

死後事務委任契約受任者として、遺品整理を業者に依頼する場合には、実際に会社に出向いてみるなど、広告だけで業者を決めてしまわないように注意しなければならない。

なお、遺品整理も、死後事務として生前に契約対象とすることは可能であるが、遺品の中には相続人が形見としたい物や、相続財産を構成するものもあり得ることから、単純に遺品整理とするのではなく、具体的にどのような整理を望んでいるのかを生前に明確にすべきであろう。

Ⅷ　ペットの処遇

死後事務委任契約の相談を受けた際、その相談者にペットがいる場合がある。相談者が死亡した場合、そのペットを誰かが引き取り、世話をしていかなければならない。亡くなってからその行き先を探すのではなく、生前から決めておく必要がある。

親族や知人に引き取ってもらえればよいが、必ずしもそうした人がいるとも限らない。遺言書による負担付き遺贈をすることで、お世話をしてもらう人に一定の贈与を行うことも一つの方策であろう。

また、ペットの生涯を看取ってもらえる団体もあるので、依頼者が安心できるよう十分に話し合うことが必要である。

Ⅸ　SNS・電子メールのアカウント

SNSのアカウントや電子メールアカウントについての解約手続は、どのようにしたらよいのだろうか。

携帯電話の場合には、携帯電話会社にて契約者死亡の届出をすることで解約手続ができるが、電子メールアカウントをはじめ、インターネットサイトでの契約は多様なものが存在するので、それぞれの規約を確認することになる。規約によっては、相続人からの解約を定めている場合もある。有料の場合には、解約が遅れることで費用がかさむことがあるので、注意が必要である。

依頼者との間では、死後に、どのようなインターネットサービスの解約手続をすべきかについて、あらかじめリストアップしておく必要がある。

なお、IDやパスワードが判明しないと解約できないものも多くあるため、死後事務受任者など信頼できる人に事前に知らせておくか、長期間使用しない場合に当該アカウントを無効化できるツールを使って、あらかじめ準備するなどの用意が必要である。

X　PC・携帯端末情報の取扱い

PCや携帯端末情報に遺されている業務上の資料を見る必要があるとか、逆に、見せたくない情報が入っている場合について、PCデータの管理については、データのバックアップの目的からもクラウドサービスを利用することが推奨される。業務上の資料などはそのような共有フォルダに残すことによって可能となるが、死後事務受任者に対しても見せたくない個人的なものについては、パスワードを設定したフォルダに格納しておくよう依頼することになるであろう。

なお、銀行口座について、インターネット専業銀行や近時の金融機関の趨勢から、通帳自体が存在しないことがある。このような場合には、その存在にも気が付かないままになってしまう可能性もあることから、受任時の聞き取りの際、正確な財産目録を作成し、なおかつ、定期的にその財産目録の状態を最新の状態にしておくようにすることが必要である。

第11

遺産承継業務

I　遺産承継業務とは

遺産承継業務は、相続人等から依頼を受けて、相続財産等の承継のための管理および処分を行う業務とされており、司法書士については司法書士法施行規則31条がその業務を行う根拠とされている。

しかし、委任契約に基づけば誰でもができるとされる業務であり、当然ながら司法書士の独占業務ではないので、司法書士法施行規則31条を持ち出すまでもなく、一般受託業務[81]として捉えることも可能な業務であるとの指摘もある。

一方、他の法律でその独占業務とされているものを受任することはできないのは当然のことであるから、特に相続人間に紛争性がある場合には、弁護士法72条との関係で受任することができず、受任後に紛争が発生したり、顕在化したりするような場合には辞任することが相当とされていることから、常に注意深く状況の把握に努めることが必要である。

この点、相続人の代理人としての遺産分割協議への関与はできないことは当然の前提であるし、そのような関与を疑われる行為も慎まなければ

81　静岡県司法書士会あかし運営委員会編『相続実務必携』（民事法研究会・2019年）19頁。

ばならない。

Ⅱ　遺産分割協議へのかかわり方

遺産承継業務は、その中核に遺産分割協議があることが多い。限られた遺産をどのように分配するかという相続人間の綱引きが行われる中では、これまでの関係性、寄与分や特別受益の主張という形で現れる相続人それぞれの思いなどから緊張関係が生じることがある。相続人らは、必ずしも特定の地域に居住しているわけではないことから、顔を合わせて協議をすること自体困難なことがあるであろう。その多くが初めての経験となる相続にあたっては、誰がどのように主導して進めるべきか手探りとなるものであろうし、その際のボタンの掛け違いのような些細なことが、後々のトラブルに発展することもあるかもしれない。戸籍の収集から関係書類の取寄せ、押印など手続自体が煩わしいばかりか、相続手続を主導する親族から詳しい説明もない中で五月雨式に必要書類を求められたりして、相続人間で疑心暗鬼を生じることもよくあることである。

その際、公平性を維持して手続全体を見通すことができる第三者として司法書士が相続人らに関与することで、相続人間のストレスを和らげ、早期に遺産承継手続を終えたいという市民のニーズに対応することが可能となることがある。相続人の遺産分割協議の前提となる法制度や協議が成立しない場合の手続の説明・助言という枠組みからはみ出すことはできないが、いずれにせよ司法書士として遺産承継業務に関与する際には、一方当事者に偏らず高潔性を保ち、相続人全員から信頼を得る態度や振る舞いが求められるものと思われる。

Ⅲ　遺産承継業務の受任の相手方

遺産承継業務の受任に際して、不在者がいる場合はともかく、相続人全員から委任を受ける必要があるか否かについては、はっきりとした基準があるわけではない。

一般的には、相続人の一部からの相談から始まり、相続人確認や遺産内容の調査を踏まえ、遺産分割協議書作成に向けて、分割の内容について他の相続人の意向を確認することになる。

法定相続人全員の所在が判明した後は、後々のトラブル回避の観点から、相続人全員から依頼を受けたほうが望ましい。また、その場合には適切に業務報告をするなどして、業務中のコミュニケーションを密にすることが求められる。

なお、相続人調査や遺産の調査、遺産分割に伴う個別の承継手続については、当然ながら相続人全員から依頼を受けなくてはいけないということにはならない。

Ⅳ　遺産承継業務の留意点

遺産承継業務の報酬は、従来から司法書士が受託する不動産の相続登記の報酬との比較において高額になりがちである。あらかじめ各司法書士事務所で定めた報酬規定に従い、依頼者に説明をして理解されればよいとされているが、その困難性や専門性等において妥当なものであるのか否かが今後問われることになるものと思われる。

昨今、所有者所在不明土地問題の解消のために専門家の関与を求め、その専門家には司法書士が適任であるという提言のほか[82]、不動産に限らないその業務を中立型調整役業務と整理して推進することも主張されている。[83]

遺産承継業務は、遺産分割協議が未了か否かで、その業務の困難性は大きく異なるが、いずれにしてもその業務が明確に理解され、そのノウハウの蓄積により市民にとって相続が円満に解決されていくことの一助になることを願うものである。

残念ながら、遺産承継業務の一面的な理解によって、司法書士業務を逸脱したとされた懲戒事例[84]もあるので注意されたい。

82　小柳春一郎「相続登記促進策――相続登記義務と資格者・専門家関与強化」土地総合研究2018年夏号85頁、吉田克己『現代土地所有権論』（信山社・2019年）110頁。

83　佃一男『司法書士のための遺産承継業務――中立型調整役業務の理論と実務』（日本加除出版・2019年）109頁。

84　平成28年11月１日さいたま地方法務局長懲戒事案（月報司法書士539号116頁）、平成31年４月26日大阪法務局長懲戒事案（月報司法書士569号82頁）。

第12

民事信託

Ⅰ　民事信託とは

信託といえば、一般的に信託銀行などが個人の財産を預かり、管理運用することで、その運用益を受益者に支払うような商事信託がイメージされるが、近年、親族間で財産を信託し、その管理運用を親族に任せる民事信託の利用が増加してきている。

たとえば、甲（親）・乙（子）間において、甲を委託者兼受益者、乙

〈図表７〉　民事信託のイメージ

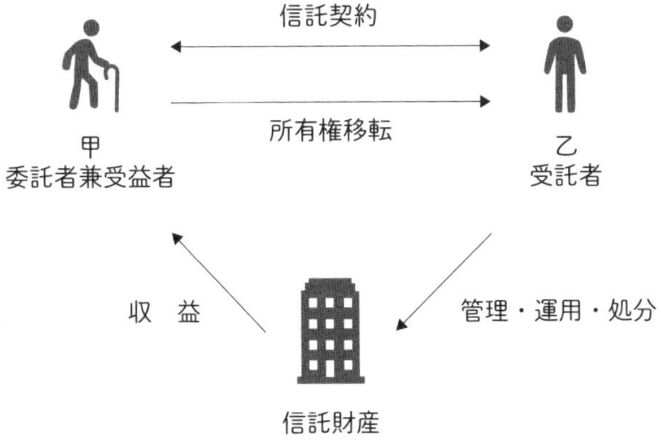

を受託者として信託契約を締結する。甲が所有する不動産を乙に信託し、乙がその不動産を管理・運用・処分し、それから得られた利益については甲に支払うというしくみである（〈図表７〉参照）。

Ⅱ　民事信託を利用するメリット

民事信託を利用するメリットとして、次のようなことがあげられる。

１　判断能力低下リスクへの対応

(1)　成年後見制度を利用する場合

甲が所有している不動産の売却先がようやく見つかったものの、たとえば甲が認知症になっていたり、事故に遭い意識不明の状態になっていたりと、売買契約を締結する判断能力が低下していることが原因で、それ以上手続を進めることができない状況に陥るケースがある。

この場合、司法書士としては、そのままでは売買による所有権移転登記をすることができないため、成年後見制度の利用を勧めるなどして、手続に対応していくことになる。成年後見人が選任され、実際に業務をすることができるようになるまで、申立てから２か月から３か月の期間は要することから、迅速な対応は難しいことになる。

(2)　民事信託を利用する場合

受託者が処分権限を有する内容の民事信託を利用していた場合、いったん受託者乙に信託財産を預けた場合には、その財産を管理・運用・処分するのは受託者であるので、信託契約後、委託者甲が認知症などにより判断能力が低下し、意思を確認することができなくなったとしても、不動産の売却を円滑に進めることができる。

また、信託契約において、その終期を「信託財産を処分する時まで」などとすることで、甲が死亡してもなお、その信託契約が効力をもち続け、甲が死亡した後であっても相続登記を経ずに受託者である乙が不動産を売却することが可能となる。

2　財産運用への柔軟な対応

⑴　成年後見制度を利用する場合

民事信託を利用せず、判断能力が低下した甲のために成年後見人を選任した場合、成年後見人が不動産を売却する権限を有するので、その点においては信託を利用した場合と同様の結果をもたらす効果がある。

しかし、現在の成年後見制度は「本人の財産保全」を重視する制度であるから、本人の財産を処分するときは本人のために適正に行わなければならない。そのため、子や孫に財産を贈与したり、お金を貸したり、不動産を低廉な価格で売却したり、家庭裁判所の監督の下、それが本人にとって最善の利益かどうかを判断しながら財産を処分していくことになるので、財産処分を柔軟に行うことはできないのが現状である。

お金を贈与したり、貸したりする行為、また、不動産を低廉な価格で売却することは、本人の財産を減少させる行為と評価されるため、主たる目的である「本人の財産保全」にそぐわないと判断されることが多い。

⑵　民事信託を利用する場合

一方で、民事信託を利用した場合、信託契約書にどのように記載されているかという部分が重要ではあるが、信託契約の内容に従って、不動産の処分を柔軟に行うことができる。

たとえば、信託契約書に「どんなに低廉な価格でも早期に売却する」との趣旨の条項の記載があれば、信託契約当事者以外の干渉を受けずに、売却をすることができる。

また、子や孫への贈与についても、大学進学時には決められた金額を贈与するように信託契約していれば、受託者はその条項に基づき、孫へ金銭を渡すことになる。

前記(1)で述べたように、判断能力が低下して、成年後見制度を利用しなければならない状況にあったとしても同様である。

3　遺言の代用

信託契約では、当該契約の終了時にある残余財産の帰属先を定めることになっており、これを定めることでその信託財産については遺言と同様の効果を生むことになる。たとえば、信託契約終了事由を「甲の死亡」とし、残余財産帰属先を乙とすれば、甲の死亡により当該残余財産は乙が取得することになる。

(1)　遺言を利用する場合

遺言は書き直し自由である。

たとえば、父親が「長男に全財産を相続させる」とした遺言を残したとする。

しかし、その後、長男との折り合いが悪くなり、二男に財産を残したいと心変わりした場合、父親は長男に断りなく、二男に全財産を相続させるとした遺言を新たに残すことができる。

仮にその仲違いの原因が父親の勘違いであり、また長男も遺言が書き直されたのを知らずに、半ば義務感から父親の面倒をみていたような場合、長男の努力が報われず、さらに兄弟間の溝を深める結果につながってしまう。

(2)　民事信託（遺言代用信託）を利用する場合

遺言代用信託は「契約」である。

信託契約の中で残余財産の帰属先を決めたのであれば、それを変更する場合は、原則当事者の合意が必要となる。契約当事者双方の合意がなければ、契約は変更できない。

たとえば、父親が長男に対して、父親が死亡したときには全財産を長男に相続させるという遺言を作成するから、父親が有している先祖伝来の収益物件の管理・処分・運用を生前から任せたいということを、長男に相談したとする。

その収益物件は複数あり、賃借人の数も多数にわたることから、責任をもって管理・運用するためには、長男はその管理業務に専念しなければならず、そのためには仕事を辞めるあるいは仕事量を減らさなければならない状況になるかもしれない。

そのような状況では、自らの人生を大きく変える選択をするわけであるから、確実に財産を承継されなければならない。

その点、遺言であれば、後日その約束を反故にされる（遺言を書き直される）可能性は残る。しかし、信託契約を利用した場合、その方向性を変更するには、当事者双方の合意という要件が必要となる。

したがって、この場合、長男としても信託契約を締結してもらったほうが、より安心してその任務を全うすることができるようになる。

Ⅲ　民事信託を利用する際の注意点

前記Ⅱのように、民事信託の利用にはメリットがあるが、同時に、次のような注意点もある。

1　契約内容が理解されているか

信託契約の内容は決して簡単なものではない。民事信託制度そのものの理解、信託の目的、信託財産や受託者の選定、受託者に委託する業務の内容、信託関係人の選定、受益者の連続性、残余財産の帰属先など、信託契約の内容は難解な場合も多い。

信託契約は私文書でも契約することはできるが、実務上、公正証書により契約をすることが通常である。したがって、当事者はその契約内容をきちんと理解していることを公証人に伝えなければならない。

たとえば、当事者の一方が高齢であれば、認知症となっているかどうかにかかわらず、加齢により認知機能は低下していくことがある。その中で、信託契約の内容を理解することは難しくなっていく。したがって、その当事者の理解力の程度いかんにより、たとえば認知症と診断されていなくても、信託契約を締結することができないケースもある。認知症などになっていないから、信託契約ができるという考えは捨てて、当事者に信託契約を締結するだけの理解能力があるかどうかを十分に見極める必要がある。

2　契約内容が精査されているか

民事信託の場合、家族間で行われることが多く、また委託者（兼受益者）が高齢である場合が多い。そのため、受益者のその後の生活支援をメインとする契約がおのずと多くなる。高齢であることから、契約をした後、判断能力の低下により、その後の契約変更が難しくなる場合もある。したがって、間違いのない契約書を作成しなければならない。

たとえば、収益物件を信託財産とした場合、修繕、解体、建て直しに必要な借入れの権限を受託者に与えなかったり、委託者兼受益者の自宅を信託財産とし、その信託目的を「生涯その不動産に居住すること」とした後に、施設に入所してしまうことなど、せっかく契約をしたにもかかわらず、当初の目的を達成できなかった契約書を作成してしまうケースもあるやに聞く。

となれば、当事者の思いは何も残らず、重い専門家責任を負うことになるので、契約内容の精査がいっそう重要となる。

3　税務面のケアがされているか

信託契約は委託者、受託者、受益者の三当事者により構成される契約であるが、委託者兼受益者という場合だけではなく、受益者が複数であったり、受益権が何代にもわたって長期に引き継がれることがあったりと、契約が複雑であればあるほど、当事者に降りかかる税務リスクは高まっていく。

仮に、依頼者に民事信託契約を勧める場合でも、必ず契約書を税理士などにチェックしてもらい、税務リスクの面から助言を求めるべきである。

また、収益物件を信託する場合など、信託契約により新たな税務申告が必要な場面もあることから、民事信託契約を提案する場合には、税理士との連携が必要である。

4　その信託スキームは当事者の権利が擁護されているか

近年、民事信託の柔軟な資産運用というメリットが強調され利用が進んでいるが、その中には、成年後見制度の代替手段として利用を希望する相談者が少なくない。

⑴　信託の目的

確かに、「本人の財産保全」を第一に考える成年後見制度は、本人の財産を他者のために利用するということは難しいのが現状である。そこで、本人の財産を都合よく利用したいがために、民事信託を選択したいという相談が見受けられる。司法書士としては、信託契約において最も重要な信託目的に合致した契約内容となっているのか、委託者の思いが実現する契約内容になっているのかについて、目を光らせる場面である。

⑵　信託の監督

成年後見制度であれば家庭裁判所がその業務を監督し、成年後見人の執務姿勢を適正に保つことができるが、民事信託において、信託契約の当事者および関係人が委託者兼受益者と受託者のみの契約である場合は、委託者兼受益者の判断能力が低下した後の受託者の執務を監督する者が不在となってしまう。受託者が信託契約に則り執務を行っていることを監督する者をおく必要がある場合もある。たとえば信託監督人や受益者代理人などの信託関係人の設置などがそれである。

その信託を取り巻く人間関係について、相談段階から入念に聴き取りをし、必要があれば、信託監督人や受益者代理人などをおくことを提案していくことも重要である。

５　他の制度との併用が検討されているか

民事信託は、あくまでも特定の財産を信託財産として受託者に管理・処分・運用を任せる制度であって、受託者が、それ以外の財産や信託契約後に取得する年金を受け取ったり、病院への入院や施設への入所の手続を代わって行ったりできるものではない（受益権として将来の医療費や施設費の支払いにあてるという契約設計は可能である）。また、その信託が遺言代用信託であるという場合であっても、信託財産以外の財産は、その契約で手当てされることはないのである。

委託者や受益者が、その後、認知症などにより判断能力が低下した場合に、信託財産以外の財産の管理・処分やいわゆる身上保護（介護契約や入院入所契約など）について、本人を適切に支援する者をおかなければ、本当の意味での権利擁護にはならない。

そこで、信託契約をした当事者であっても、成年後見制度の利用をアドバイスする必要がある。また、信託財産以外の財産について、死亡後相続人間で争いになることを避けるためにも、別途遺言を作成することは必要となる。

民事信託は有効な手段ではあるが、万能ではない。当事者のために他の制度との併用を検討する必要がある。

Ⅳ　まとめ

民事信託の相談者が現れた場合、本項で紹介したメリットと注意点を確認し、当事者の権利擁護となるスキームを提案しなければならない。

また、決して司法書士だけの視点だけではなく、弁護士や税理士の視点からもチェックしてもらい、あらゆるリスクを洗い出し、当事者に説明し、理解してもらうことが重要である。

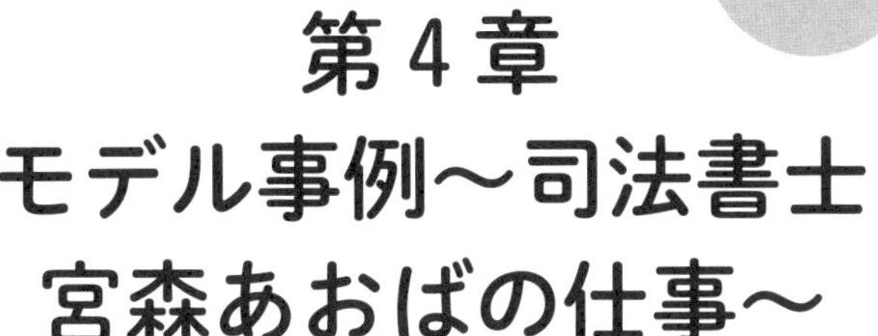

第４章
モデル事例～司法書士宮森あおばの仕事～

第１

夫の遺言書
～2008年４月のできごと

Ⅰ　夫の自筆証書遺言

いつもは不動産売買の決済なんて月に１回くらいしかないのに、どうして年末や年度末になると、「月末までに終わらせたい」という依頼が集中するのだろう、と毎年思うのだが、４月は少しゆったりできる。

私（宮森あおば）は、1998年に司法書士試験に合格し、2000年４月に独立開業した。2006年に成年後見制度推進団体に入会し、成年後見業務に取り組んできたが、近年は民事信託にも力を入れているところだ。

「宮森あおば司法書士事務所」もこの４月で開業８年目を迎えるので、周年祝いでもしようかな、と考えているところに、お客様が訪ねてきた。

私は、相談受付票（**【書式１】**参照）を手元に用意して、お客様を迎え入れた。

【書式１】 相談受付票

相談受付カード		管理No.	初回相談日	／　／	次回相談日	／　／
依頼者	〒　－		TEL			／　／
		氏名	FAX e-mail			／　／
関与先	〒　－		〒　－			

当事者一覧				エコマップ（相関図）
①		⑤		
②		⑥		
③		⑦		
④		⑧		
受任事件の類型				
	生前贈与・寄附		死後事務	
	売買		遺産承継業務	
	遺言・遺言執行		民事信託	現在の居住状況
	任意後見		相続放棄・債務整理	在宅・施設
	成年後見・保佐・補助			施設名

主な財産			
1	預貯金　金　万円	4	株式・投資信託　金　万円
2	不動産　金　万円	5	負債　金　万円
3	生命保険　金　万円 受取人	6	その他

進捗情報	初回相談日	起票日	データ入力日	事前書類作成日	申請書点検	申請日	完了日	完了書類確認日	返却日
日程	／	／	／	／	／	／	／	／	／
担当者									

事務処理		
登記簿調査	申請前閲覧	完了後の謄本
登記情報・公図	不要・要（　枚）	不要・要（　枚）

請求関係		
見積り	請求書発行	領収
／	／	／

不動産登記	不動産の表示	権利者	義務者	課税価格	税率	免許税	備考
①　登記原因（　　）							
②　登記原因（　　）							
③　登記原因（　　）							
④　登記原因（　　）							
⑤　登記原因（　　）							

関連不動産		所在	家屋番号	備考（持分など）
1	土・建			
2	土・建			
3	土・建			
4	土・建			
5	土・建			
6	土・建			
7	土・建			
8	土・建			
9	土・建			
10	土・建			

本人確認事項（氏名　　　　　　　　　　）				■特記事項
確認方法　直接面談・電話連絡	確認書類　免許証・保険証・個人カード・その他（　　）			
調印方法	郵送・直接立会（　／　）	立会場所		
意思確認日	／　　AM・PM　：	意思確認場所		

本人確認事項（氏名　　　　　　　　　　）				■特記事項
確認方法　直接面談・電話連絡	確認書類　免許証・保険証・個人カード・その他（　　）			
調印方法	HM担当・郵送・直接立会（　／　）	立会場所		
意思確認日	／　　AM・PM　：	意思確認場所		

遺言書作成支援業務		遺言執行者	形式	保管制度	公証役場	立会日	備考
①	遺言者		自筆・公正証書	法務局		／	
②	遺言者		自筆・公正証書	法務局		／	
遺言内容							

成年後見業務		類型		診断書		公証役場	任意後見契約日	備考
本人		成年後見・保佐・補助・任意後見					／	
候補者		続柄	TEL	協力者			TEL	
制度利用の主な動機	□ 施設入所	本人の生活状況						
	□ 預貯金や年金などの定期収入の管理							
	□ 不動産の処分							
	□ 遺産分割							
	□ 身寄りがいない，死後事務							
	□							

死後事務業務		死後事務契約受任者	任意代理	見守り契約	任意後見契約	備考
本人						
死後事務内容	□ 施設・病院の退所・退院	特記事項				
	□ 死後の支払いの対応					
	□ 火葬・埋葬・葬儀の対応					
	□ 親族への連絡					
	□					
協力者	氏名 TEL　　　続柄（　　）	菩提寺　〒				

遺産承継業務・金融機関		支店名	電話番号	口座番号	手続内容	手続日	完了日
1					相続解約・名義変更・残高証明・取引履歴	／	／
2					相続解約・名義変更・残高証明・取引履歴	／	／
3					相続解約・名義変更・残高証明・取引履歴	／	／
4					相続解約・名義変更・残高証明・取引履歴	／	／
5					相続解約・名義変更・残高証明・取引履歴	／	／
6					相続解約・名義変更・残高証明・取引履歴	／	／
7					相続解約・名義変更・残高証明・取引履歴	／	／
8					相続解約・名義変更・残高証明・取引履歴	／	／
9					相続解約・名義変更・残高証明・取引履歴	／	／
10					相続解約・名義変更・残高証明・取引履歴	／	／

宮森

こんにちは。司法書士の宮森です。よろしくお願いします。平成令子さんですね。今日はどのようなご相談ですか？

令子

はい、夫が亡くなったのですが、自宅の名義が夫だったので、それを変更しなければと思いまして。

令子さんから示された相続関係図は、次のようなものだった（〈図表8〉参照）。

〈図表８〉　相続関係図①（本人と夫と子）

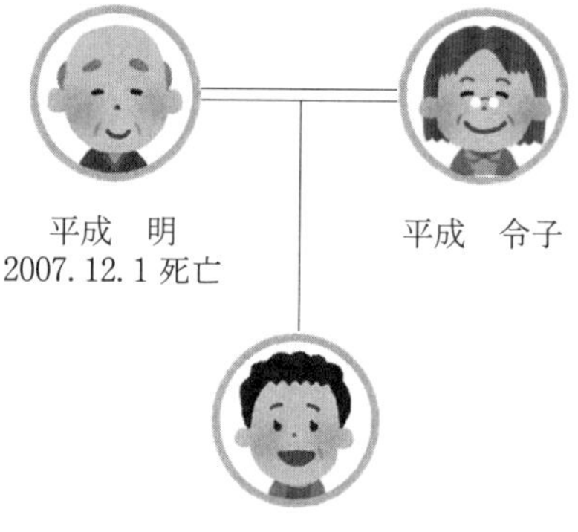

宮森

昨年、お亡くなりになったのですね。最近少し落ち着かれたということで、ご相談にいらしたのですか？

令子

はぁ……。早くしなければと思って、今年の２月に、知り合いから聞いた司法書士事務所に行こうと思って電話したら、何だか電話の対応がちょっと……。

それで違うところを探そうと思って、電話帳を調べたのですが、何だか今度は緊張してしまって、なかなか電話ができなかったんです。

宮森

そうですか、それは大変でしたね。でも、うちに来てくださってよかったです。

令子

はい、こちらは電話に出た方も親切で安心しました。先生の写真も電話帳に載っていて、何となく安心して。先生は、写真よりも……、お若く見えますね。

宮森

ありがとうございます。では、これからいろいろお話をうかがっていきますが、司法書士は守秘義務があります。ご相談の内容が他に漏れたりすることはありませんので、安心してお話しください。

令子

はい、こちらの相談室は個室になっているので、それも安心します。明るくて、かわいいお部屋ですね。よろしくお願いします。

宮森

まず、明さんがお亡くなりになっての相続の手続ということですと、遺言書があるかどうかを確認しなければいけないのですが、そういったものはございますか？

令子

実は、これが仏壇にしまってあって……。

そういって、令子さんは「令子様」と書かれた封書をカバンから取り出した。

令子

封がしてあったのですが、遺言書なのかどうかわからなくて、開けてしまったんです。大丈夫でしょうか？

宮森

拝見してもよろしいですか？

中身を見ると、自筆証書遺言の要件を備えており、遺産はすべて妻の令子さんに相続させるという内容であった。また、遺言執行者には令子さんが指定されていた。

宮森

これは明さんの筆跡ですか？

令子

はい、間違いありません。

宮森

そうすると、自筆証書遺言の要件が揃っていますので、このとおりに遺産をすべて令子さんの名義にすることができます。ただし、法定相続人であるお子さんには遺留分という権利があるので、平成さんの場合ですと、みどりさんが法定相続分の半分である４分の１を、遺留分として請求することもできるのですが……、みどりさんは同居されてますか？

令子

実は、娘は知的障がいがあって、ずっと私が面倒をみているので、そういうことはできないです……。

宮森

そうでしたか。わかりました。明さんもそういうご事情を心配されて遺言を残されたのかもしれませんね。

令子

はい、そうだと思います……。

と言いながら、令子さんは泣き出してしまった。

娘さんのこともいろいろ心配なのだろうと察せられたが、今はとにかく、目の前の相続に集中したほうがいいと思い、娘さんのことについては令子さんのタイミングで相談できるようにしておくこととした。

宮森

あまり急ぐ必要はないと思いますので、落ち着いてからでも大丈夫ですが、この遺言書の内容を実現するためには、家庭裁判所でこの遺言書を「検認」してもらう必要があります。封がしてあるものについては、本当は裁判所で開封しなければいけないことになっているのですが、開けてしまったものは戻せませんので、その旨を申立書に記載すれば、あまり咎められることはありません。稀に、前妻の子のような相手方がいる場合は問題にされることもありますが……、大丈夫そうですよね？

申立書を書いて裁判所に提出する手続になりますが、ご自身で手続されますか？

令子

いえ、自分ではできないと思いますので、全部先生にお願いしたいのですが。

宮森

わかりました。でも、司法書士は弁護士と違って、家庭裁判所での手続では代理人にはなれないので、すべて私が令子さんの代わりに手続をしてあげることはできません。

申立書の作成と提出は私が行いますので、検認の日程が決まりましたら、当日は令子さんに遺言書を持って裁判所に行っていただく必要があります。それは大丈夫ですか？

令子

はい、大丈夫です。それまでこれは私が持っていればよろしいですか？

宮森

はい、開封されているものについては、写しを最初に提出しなければいけないので、コピーをいただきます。原本は当日ご持参ください。

令子

はい、よろしくお願いいたします。

Ⅱ　夫の前婚の子ども

その後、戸籍等を調査したところ、明さんは令子さんとは再婚で、前婚時に子どもが生まれていたことが判明した（〈図表９〉参照）。

〈図表９〉　相続関係図②（夫の前婚の子）

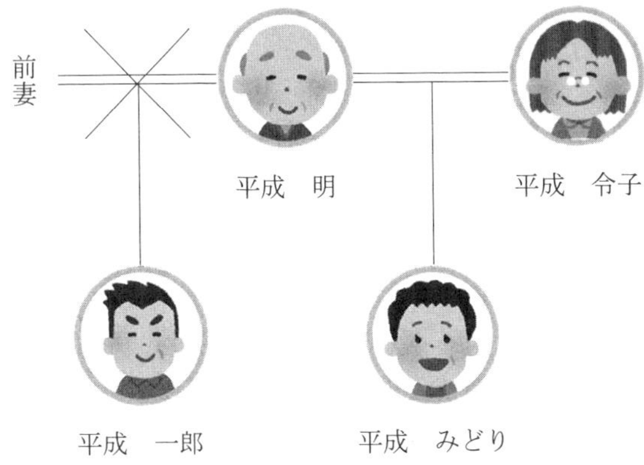

　そのことを伝えるために、令子さんに事務所に来ていただくことになった。何とも嫌なお役目だな……と憂鬱になりながら、戸籍を眺めた。

宮森

　実は、戸籍を調査した結果、明さんにはもう一人、お子さんがいることがわかりました。
　お名前は一郎さんといって、みどりさんよりも10歳年上です。 そのようなお話は、明さんから聞いたことはありますか？

令子

　えっ……、そんなはずはないんだけど。再婚ということは、何となく知ってて……、でも、もう全部縁を切ってるので関係ないって言ってたのに。

宮森

　そうでしたか。血がつながっている親子関係は、特別なことがない限り縁が切れるということはないので、その一郎さんというお子さんは法定相続人ということになってしまいます。
　この場合は、まず、遺言書の検認のお知らせが一郎さんのところに送られて、もしかすると、遺留分の請求をされることになるかもしれません。

令子

　そうですか。夫はそんなつもりはなかったのかもしれないけど、何だか裏切られた気分です。

もう何十年も行き来もなくて、何をしてくれたわけでもないのに、請求されたら払わないといけないんですか？

宮森

そうですね、残念ながら、一般的には、裁判になったとしても、遺留分は相続人に認められる最低限の権利なので、応じなくていいという結果にはなりにくいですね。

もちろん、請求されない場合もありますので、相手の出方次第ですね。

先生に言っても仕方ないけど、何だか納得できません。お金がほしいとかではなくて……。

宮森

納得できないのは当然ですよ。

今まで聞かされていなかったわけですからね……。

令子

すみません、とにかく手続は進めないといけませんよね。

宮森

そうですね、裁判所から、その一郎さんにも呼出状がいきますので、もしかしたら裁判所でお会いすることになるかもしれません。

先生も裁判所に来ていただけるんですか？

私は通常は立ち会えないので、行かないことがほとんどですが、ご心配なら同行しますよ。

先生にも来てもらいたいです。お願いできますか？
あと、みどりも行かないとだめなんですか？

わかりました。ご同行しますね。
みどりさんは行かなくても大丈夫です。申立人以外は出席の義務はないので。

わかりました、よろしくお願いします。

Ⅲ　夫の遺言書の検認

このような経緯で、私は、遺言書検認申立書（【書式2】参照）を作成した。

【書式2】 遺言書検認申立書

受付印	遺　言　書　検　認　申　立　書
収入印紙　８００円	（この欄に収入印紙を貼ってください。遺言書１通につき８００円分）
予納郵便切手８４円	（貼った印紙に押印しないでください。）

準口頭		関連事件番号　平成　　年（家　）第　　　号

仙台　家庭裁判所 御中 平成20年　5　月　○　日	申立人 〔又は法定代理人など〕 の記名押印	平　成　令　子　㊞

添付書類	遺言者の戸（除）籍謄本（出生から死亡までのもの）　○　通 相続人全員の戸籍謄本　○　通

申立人	本　籍	都道府㊗ → 宮城　都道府（県）　仙台市青葉区片平一丁目６番	
	住　所	〒９８０－００００　　電話０２２（０００）００００ 宮城県仙台市青葉区片平一丁目６番１号1002号 （　　　方）	
	フリガナ 氏　名	ヘイセイ　レイコ 平成　令子	（昭和） 平成　9年　1月　1日生
	申立資格	※ 1　遺言書の保管者　②　遺言書の発見者	
遺言者	本　籍	宮城　都道府（県）　仙台市青葉区片平一丁目６番	
	住　所	〒９８０－００００ 宮城県仙台市青葉区片平一丁目６番１号 1002号 （　　　方）	
	フリガナ 氏　名	ヘイセイ　アキラ 平成　明	平成 19 年 12 月 1 日死亡

（注）太枠の中だけ記入してください。 ※当てはまる番号を○でかこむこと。

遺言書検認（１／３）

申　立　て　の　趣　旨
遺言者の自筆証書による遺言書の検認を求める。

申　立　て　の　理　由	
封印等の状　況	※１　封印されている。 ②封印されていたが相続人（平成令子）が開封した。 ３　開封されている。 ４ その他（　　　）
遺言書の保管・発見の状況・場所等	※１　申立人が遺言者から平成　年　月　日に預かり，下記の場所で保管してきた。 ②申立人が平成 *19* 年 *12* 月 *5* 日下記の場所で発見した。 ３ 遺言者が貸金庫に保管していたが，遺言者の死後，申立人は平成　年　月　日から下記の場所で保管している。 ４ その他（　　　　　　　　　　　） （場所）宮城県仙台市青葉区片平一丁目６番１号 申立人自宅内仏壇
特記事項その他	
相続人等の表示	別紙相続人等目録記載のとおり

（注）太枠の中だけ記入してください。※の部分は，当てはまる番号を○で囲み，４を選んだ場合には，（　）内に具体的に記入してください。

検認済証明申請書
（この欄に遺言書１通につき収入印紙 150 円を貼ってください。） （貼った印紙に押印しないでください。） 本件遺言書が検認済みであることを証明してください。 平成　年　月　日 申立人　平成令子　印

上記検認済証明書　通を受領しました。	上記検認済証明書　通を郵送した。
平成　年　月　日	平成　年　月　日
申立人　印	裁判所書記官　印

遺言書検認（２／３）

相続人等目録

※申立人兼相続人	住所	〒 980－0000　電話 022（000）0000 宮城県仙台市青葉区片平一丁目6番1号 1002号 （　　方）			
	フリガナ 氏名	ヘイセイ　レイコ 平成　令子	昭和 平成 9年 1月 1日生	続柄	妻
※相続人	住所	〒 980－0000　電話 022（000）0000 宮城県仙台市青葉区片平一丁目6番1号 1002号 （　　方）			
	フリガナ 氏名	ヘイセイ　ミドリ 平成　みどり	昭和 平成 41年 8月 8日生	続柄	長女
※相続人	住所	〒 981－0000　電話 022（000）0000 宮城県仙台市泉区泉中央二丁目1番1号 （　　方）			
	フリガナ 氏名	ヘイセイ　イチロウ 平成　一郎	昭和 平成 31年 4月 4日生	続柄	長男
※	住所	〒　－　　電話　（　） （　　方）			
	フリガナ 氏名		昭和 平成　年　月　日生 令和	続柄	
※	住所	〒　－　　電話　（　） （　　方）			
	フリガナ 氏名		昭和 平成　年　月　日生 令和	続柄	
※	住所	〒　－　　電話　（　） （　　方）			
	フリガナ 氏名		昭和 平成　年　月　日生 令和	続柄	

(注) 太枠の中だけ記入してください。※の部分は，相続人，受遺者の別を記入してください。
申立人が相続人の場合には，「申立人兼相続人」と記入してください。

遺言書検認（3／3）

その後1か月くらい経って、令子さんから、裁判所から呼出状が届いたとの連絡があった。

検認当日、私もドキドキしながら家庭裁判所に向かった。

裁判所のロビーで令子さんと待ち合わせをして、書記官室に行って来庁の旨を伝えると、そこに男性が一人居合わせて、あいさつをされた。一郎さんである。すぐに二人は検認が行われる部屋に入ってしまったので、さらに私はドキドキの時間が続くことになった。

しばらくして、二人が出てきたので、あらためて一郎さんに自己紹介をすると、「遺言書は確認しました。父が書いたのであれば、別にそれでいいので、自分は特に請求とかは考えていません。父といっても、ほとんど憶えていないし。ただ、もしかして、兄弟がいるのかなと思って来てみました」と話された。

一郎さんは、令子さんからみどりさんのことを聞くと、「そうですか、わかりました。自分は何もできないし、特に今後も連絡はしないと思います」とおっしゃったので、私のほうから、みどりさんにはお子さんはおらず、今後も状況は変わらないだろうということ、万が一、みどりさんが亡くなった場合は、一郎さんも相続人となる可能性があることを伝えたが、「わかりました」と言って帰られた。正直ほっとしたが、一郎さんとしても複雑な気持ちだろうなと思った。

令子さんも少し安心したらしく、ほっとした顔で、検認済みの遺言書を私に預け、「では、相続の手続をよろしくお願いします」と言って、その日は帰られた。

Ⅳ　相続による所有権移転登記

その後、相続による所有権移転登記申請の委任状をお渡しする前に、令子さんに電話した。

宮森

銀行口座の手続なども、この遺言書があれば大丈夫ですが、ご自身で手続をなさいますか？

令子

はい、銀行も２か所だけなので、自分で行ってみます。

宮森

では、登記が終わりましたら、書類は郵便でお送りしますので、ご確認ください。また何かご相談があれば、お気軽にいらしてください。

令子

はい、どうもありがとうございました。私ももう歳なので、今後のことがいろいろ心配なのですが、夫のことが落ち着いたら、またご相談にあがりたいと思います。

後日、登記が完了した後、令子さんは、知り合いの農家からもらってきたという「フキ」をたくさん持って、事務所に来てくださった。田舎あるあるだが、時々、野菜やら果物やらをいただくことがある。「フキって美味いよね。お母さんに煮物にしてもらおう」とか考えつつ冷蔵庫にしまった。

第２

娘と本人の財産管理～2009年５月のできごと

Ⅰ　１年ぶりの相談

５月は新緑の季節、１年で一番この街が美しいと思う大好きな時期だが、司法書士業界は総会シーズンに入り、何かと役職を兼任している身としては忙しくなる。

そんなある日、事務員から、「前に相続でお世話になった平成さんと言う方からお電話です」と言われ、誰だったか思い出せないまま、電話に出る。

宮森

こんにちは、宮森です。ご無沙汰しております。
（一応、覚えてるアピールはする。）

令子

先生、ご無沙汰しております。1年前くらいに、遺言で登記してもらった平成です。

実は、娘のみどりの今後のことや、自分の今後のことが心配で、ご相談したいと思いまして。

あぁ、フキをくれた、あの平成さんね、と思い出す。２日後にご自宅を訪問する約束をした。みどりさんにもお会いしたいので、連れて来てもらえないかとお願いしたところ、初めてのところに連れて行くと落ち着かなくなるので、できれば家に来てほしいとのことだったからだ。

Ⅱ　知的障がいのある娘の財産管理

平成さんのご自宅は、事務所から車で20分ほどの市街地にあるマンションの一室で、令子さんとみどりさんの二人暮らしだったが、令子さんは３か月前に脚を骨折してから歩行が困難になり、日中の移動は車イスになっていた。そのため、介護認定を受けてヘルパーさんに来てもらい、家事を手伝ってもらっているそうだ。

みどりさんには知的障がいがあるが、自分の身の回りのことは自分でできるとのことで、普段は自宅近くの障害者就労支援事業所に通って、日中は印刷物の封入等の作業をしている。難しい話は理解できないようだったが、宮森さんっていう人が来て、これからいろいろ手伝ってくれるのだということは理解された。

これからお母さんと大事な話があると言うと、「じゃあ、テレビ見てもいい？」と言って、好きなアイドルが出ているテレビ番組に集中し始めた。

令子さんのいるリビングのソファに腰掛けて待っていたら、猫が近寄ってきた。割とふくよかな感じの猫であるが、私のそばに来て、くんくん臭いを嗅いでいたと思ったら、隣にドサっと寝そべってしまった。かわいいので、ちょっと撫でてみる。撫でられても、動じない。

令子

　あら、珍しいわ。この子、あまり知らない人には寄っていかないんですよ。

宮森

　そうですか、私、犬とか猫には好かれちゃうんですよ～。

　好かれるのも嘘ではないし、私も犬も猫も好きなのだが……、猫アレルギーがある。大体、猫を飼っている家では30分が限度で、それ以上いると涙と鼻水、くしゃみが止まらなくなる。

宮森

　そういえば、私、風邪気味なので、マスクをつけたままで失礼しますね。

令子

　あら～、体調が悪いのに来ていただいて申し訳ありません。

宮森

　いえいえ、大丈夫です。
　まずは、令子さんが心配されていることを、一つずつお聞きしますね。

令子

はい、まずは、私がこの歳（75歳）なので、いつまでみどりの面倒をみられるのかわからないのと、自分が認知症になったり、この後、寝たきりになったりしたら、みどりのこともそうですが、自分のことも何もできなくなってしまうので、どうすればいいのか不安で仕方なくて。

他に頼れる親戚もいないので……。

宮森

そうなんですね。それは心配ですね。まずは、みどりさんのことについてですが、知的障がいということで、ご自身では財産管理等が難しいと思いますので、方法の一つとして、成年後見制度を利用して、みどりさんの判断能力の程度に合わせて、成年後見人あるいは保佐人という代理人を付けることができます。

そうすると、その人が、みどりさんの代理人としていろいろな手続をすることもできますし、今後一人になったときにも、その後の住まいのことや身の回りのこと等も含めて、みどりさんが亡くなるまでサポートすることができます。もちろん、お母様の令子さんがお元気なうちは、令子さんと相談しながら進められますし、令子さんがいなくなった後でも、安心だと思います。

それから、たとえば、みどりさんが施設等に入られて、特に身の回りのことなどは心配がないということになって、みどりさんの財産の管理が心配ということであれば、信託という方法もあります。

いろいろな方法があることをまずご紹介しますので、後は、みどりさんの希望なども聞いて相談するといいと思いますが、いかがでしょうか？

令子

そうですか、それなら私に万が一のことがあっても、安心ですね。その成年後見人には、先生になっていただけるのですか？

宮森

成年後見人や保佐人に誰が選ばれるのか、というのは家庭裁判所が決めることになりますが、候補者として、私をあげておくことはできます。

令子

わかりました。信託というのは、どういうものですか？

宮森

家族信託とか民事信託という言葉を聞いたことは、ありませんか？

令子

テレビでちょっと見た気がします。

宮森

成年後見制度と似ているのですが、たとえば、令子さんが元気なうちは、みどりさんにかかる医療費などのお金は支払うことができますが、令子さんが歳をとって、自由に動くことができなくなったら、そのお金を支払うことができません。

そこで、あらかじめ、ある程度のお金を信頼できる人に預けます。そのお金を預かる人を「受託者」と呼びます。その受託者が、令子さんから預かったお金の中から、みどりさんにかかる費用を支払ってくれるというものです。

令子

よさそうな制度ですね。
でも、成年後見と何が違うのですか？

宮森

成年後見制度は家庭裁判所の手続で、成年後見人は家庭裁判所が選びます。成年後見人がきちんとした仕事をしているのかも、家庭裁判所がチェックをします。

本人の財産がきちんと守られるという利点はあるのですが、成年後見人は本人の財産を本人のためにしか使えません。他の人のために使うことが原則できません。柔軟な運用ができないのです。

信託は信託契約の中にルールを決めておけば、その財産を他人のために使用するなど、柔軟な資産活用ができるということで、注目を浴びてます。

ただ、信託契約は私人間の契約ですから、家庭裁判所のような機関が、財産を預かっている受託者の仕事を監督するわけではありません。本当に信頼できる人に、受託者としての仕事をやってもらわなければなりませんので、その人選、つまり誰に受託者をやってもらうかということを決めることが重要ですし、難しい部分です。

令子

誰に任せるか……、とても難しい問題ですね。

宮森

それから、令子さんの今後のことですが、任意後見という制度がありますので、活用できるのではないかと思います。

自分にもしものことが起きた場合（成年後見人が必要な状態になった場合）のために、あらかじめ後見人になる人を契約しておくという制度です。

その前段階で、委任により財産管理を依頼することもできますし、時々様子を見るための見守り契約というのもあります。

令子

いろいろあるんですね。でも、何だか難しいから、一回では理解できないですね。

宮森

はい、そして任意後見を利用するのであれば、やはり誰に依頼するかというところはとても大事なので、私でいいのかどうか、何回でも確認していただく意味で、今後、令子さんが納得されるまで、ご説明にうかがって進めていくことができます。

その後、みどりさんとも何回かお会いするうちに、みどりさんとしては、ずっとお母さんといっしょに生活するのが希望であること、お母さんがいなくなることについてはイメージができないようだということなどがわかってきた。

令子さんとも相談した結果、みどりさんについては、後見開始の審判申立て（**【書式3】**参照）をすることを選択された（後日、医師により後見相当との診断がなされた）。

令子

みどりは寂しがり屋なので、私に万が一のことがあれば動揺すると思いますし、同じ方に長くお世話をしていただきたいと思うので、先生にお任せするのが安心だと思って……。

財産のことだけ考えれば信託のほうが便利なのかもしれませんが、みどりの支えになっていただくことを考えると、成年後見人のほうがいいと思いました。

先生のことはもちろん信用してますので。

【書式3】 後見開始審判申立書

申立後は，家庭裁判所の許可を得なければ申立てを取り下げることはできません。

受付印	
	㊀後見㊀・保佐・補助　開始申立書
	（収入印紙欄） 開始申立てのみは，800円（補助開始のみの申立てはできません。） 保佐開始申立て＋代理権付与のときは1600円分 補助開始申立て＋同意権付与＋代理権付与のときは2400円分 ※はった印紙に押印しないでください。
収入印紙（申立費用）　円 収入印紙（登記費用）　円 予納郵便切手　円	準口頭 ｜ 関連事件番号　年（家　）第　号

仙台　家庭裁判所　支部　御中 平成21年○月○日	申立人の記名押印	平成　令子　㊞

添付書類	本人の戸籍個人事項証明書，本人・成年後見人等候補者の住民票又は戸籍附票 本人の登記されていないことの証明書，診断書

申立人	住所	〒980—8637 宮城県仙台市青葉区片平一丁目6番1号1002号 （　方）	電話 022（000）0000 携帯電話（　） FAX（　）
	フリガナ 氏名	ヘイセイ　レイコ 平成　令子	大正・(昭和)・平成　9年1月1日生
	本人との関係	1 配偶者　②父母　3 子（　）　4 兄弟姉妹甥姪 5 本人　6 市区町村長　7 その他（　）	
本人	本籍	宮城県仙台市青葉区片平一丁目6番	
	住民票の住所	☑申立人と同じ　〒　— （　方）	電話（　）
	施設・病院の入所先	施設・病院名等 ☑入所等していない 〒　—	電話（　）
	フリガナ 氏名	ヘイセイ　ミドリ 平成　みどり	男・(女)　明治・大正・(昭和)・平成　41年8月8日生
成年後見人等候補者 □申立人と同じ※	住所	〒982—0000 仙台市若葉区白山町1番1号	電話 022（000）0000 携帯電話（　） FAX 022（000）0000
	フリガナ 氏名	シホウショシ　ミヤモリ　アオバ 司法書士　宮森　あおば	(昭和)・平成　40年10月1日生
	本人との関係	1 配偶者　2 父母　3 子（　）　4 兄弟姉妹甥姪 ⑤その他（　）	

（注）太わくの中だけ記入してください。
※申立人と成年後見人等候補者が同一の場合は，□にチェックをしてください。その場合は，年後見人等候補者欄の記載は省略して構いません。

後見（1／2）

<table>
<tr><th colspan="2">申立ての趣旨</th></tr>
<tr><td rowspan="3">●1，2，3いずれかを○で囲んでください。
→
●保佐申立ての場合は必要とする場合に限り，当てはまる番号((1),(2))も○で囲んでください。
→
●補助申立ての場合は必ず当てはまる番号（(1),(2)）を○で囲んでください。</td><td>(1)　本人について後見を開始するとの審判を求める。</td></tr>
<tr><td>2　本人について保佐を開始するとの審判を求める。
(1)　本人のために別紙代理行為目録記載の行為について保佐人に代理権を付与するとの審判を求める。

(2)　本人は，民法第13条１項に規定されている行為の他に，下記の行為（日用品の購入その他日常生活に関する行為を除く。）をするにも，その保佐人の同意を得なければならないとの審判を求める
記</td></tr>
<tr><td>3　本人について補助を開始するとの審判を求める。
(1)　本人のために別紙代理行為目録記載の行為について補助人に代理権を付与するとの審判を求める。

(2)　本人が別紙同意行為目録記載の行為（日用品の購入その他日常生活に関する行為を除く。）をするには，その補助人の同意を得なければならないとの審判を求める。</td></tr>
</table>

<table>
<tr><th>申立ての理由</th></tr>
<tr><td>本人は，☐認知症 ☑知的障害 ☐統合失調症 ☐その他（　　　　）
により判断能力が低下しているため，
☑財産管理　☐保険金受領　☐遺産分割　☐相続放棄
☐不動産処分　☐施設入所　☐訴訟・調停
☐その他（　　　　　　　　　　　）の必要が生じた。

※詳しい実情は，申立事情説明書に記入してください。</td></tr>
<tr><td>（特記事項）</td></tr>
</table>

※本事例は2009年の申立て例ですが，本書式は2020年４月からの統一書式を使用しています。

後見（２／２）

Ⅲ　本人の財産管理と死後の事務

そして、令子さんについては、任意後見制度の説明をし、任意後見の前段階としての「委任による財産管理」から受託することになった。外出もままならず、とにかく任せて安心したいとのご希望だった。

宮森　ちなみに、令子さんには、みどりさんのほかに、お子さんはいらっしゃいますか？

令子　実は、私も夫とは再婚で、20歳の頃に結婚して子どもが生まれたのですが、離婚した際に、子どもは相手のほうに引き取られることになって、それきり会ってはいないので、生きているのかどうかもわからないんです。

宮森　そうですか、そうすると、令子さんが亡くなったときは、みどりさんだけでは相続手続ができない可能性があるということですね。

令子さんとしては、ご自身の相続に関しては、どのようにお考えですか？

令子　小さい頃に手放した子どもも、もちろん自分の子どもですから、どうでもいいわけではないのですが、財産も

たくさんあるわけではないし、みどりがとにかく心配なので、できるだけみどりが困らないように財産を残したいと思います。

宮森

　できるだけみどりさんに残したいということであれば、やはり遺言を書いておくのが一番ですね。

令子

　そうですよね、夫のときと同じことですよね。

宮森

　そうです、あくまでも子どもであれば、遺留分はありますので、あとは相手方がどう出るか、ということになります。

令子

　わかりました。では、遺言を書くということで進めたいですが、公正証書のほうがいいのでしょうか？

宮森

　そうですね、公正証書だと裁判所での検認手続が不要になりますので、死亡後の手続が楽になりますし、誰が書いたのかなどという争いもなくなります。

令子

　そうですか、検認の手続は面倒でしたからね、時間もかかりましたし。
　遺言書には、私の葬儀のこととかも書けますか？　みどりは何もできないだろうから、他の人に葬儀に関することもお願いしたいと思うのですが……。
　先生はそういうこともやってくださるのでしょうか？

宮森

　亡くなった際の葬儀や、さまざまな事務のために、死後事務委任契約というのを締結することができますので、そちらもあわせて公正証書を作成するといいですね。

令子

　わかりました。ありがとうございます。そのように進めてもらいたいと思います。
　ところで先生、目が真っ赤になってますけど、大丈夫ですか？

宮森

　え？　そうですか？（くしゅん！）
　すみません、何かのアレルギーかしら（くしゅん！）

　その後、私がみどりさんの成年後見人に就任し、令子さんとは任意後見契約と財産管理委任契約を締結し（**【書式４】**参照）、財産管理委任契約は即日発効した。令子さんは、あわせて、財産のすべてをみどりさんに相続させる旨の遺言をし（**【書式５】**参照）、遺言執行者に私を指定した。また、令子さんとは死後事務委任契約も締結し（【書式6】参照）、葬儀や埋骨に関する事務その他を私が受任した。

【書式4】 財産管理委任契約・任意後見契約公正証書

平成21年第〇〇〇号

財産管理等委任契約及び任意後見契約等公正証書

本公証人は，平成21年〇月〇日，委任する人平成令子さん（以下「平成さん」といいます。）及び受任する人宮森あおばさん（以下「宮森さん」といいます。）の依頼を受けて，双方の述べる契約の内容を聞き，その趣旨を書き取ってこの証書を作成しました。

第1　財産管理等委任契約

第1条（契約の趣旨）

平成さんは，民法上の委任契約に基づき，自分の生活，療養看護及び財産の管理に関する事務（以下「委任事務」といいます。）を宮森さんにお願いすることとし，宮森さんはこれを受けることを了承しました。そこで，宮森さんに代理権を与えるために契約（以下「本件委任契約」といいます。）を結ぶものです。

第2条（任意後見契約との関係）

1　本件委任契約を結んだ後，平成さんが精神上の病気等により判断能力が不十分な状況となり，これに対して，宮森さんが，「第2　任意後見契約」による後見事務を行う必要があると認めたときは，宮森さんは，家庭裁判所に対して，任意後見監督人の選任の請求をしなければならないものとします。

2　本件委任契約は，「第2　任意後見契約」に基づいて，任意後見監督人が選任され，効力が生じたときに終了します。

第３条（委任事務の範囲）

平成さんは，別紙代理権目録（委任契約）記載の委任事務（以下「本件委任事務」といいます。）を宮森さんに委任し，その事務処理のための代理権を与えます。

第４条（証書等の引渡し等）

１　平成さんは，宮森さんに対し，本件委任事務を処理するために，必要と認める次の証書等を，その必要に応じて引き渡します。

① 預貯金通帳
② 登記済権利証
③ 印鑑登録カード・個人番号カード
④ 実印・銀行印
⑤ 年金関係書類
⑥ 各種キャッシュカード
⑦ 有価証券
⑧ その他の重要な契約書

２　宮森さんは，前項の証書等の引渡しを受けたときは，平成さんに対し，その明細及び保管方法を記載した預り証を交付したうえで，これを善良な管理者の注意義務をもって保管するものとします。

３　宮森さんは，本件委任事務の処理に必要な範囲内で第１項の証書等を使用することができるものとします。

第５条（費用の負担）

宮森さんが本件委任事務を処理するために必要な費用は平成さんの負担とし，宮森さんは管理している平成さんの財産の中から，これを支出することができます。

第６条（報酬）

１　平成さんは，宮森さんに対し，本件委任事務の処理に対する報酬として，次のとおり支払うものとし，宮森さんは，その管理する平成さんの財産からその支払を受けることができます。

① 定額報酬（別紙代理権目録（委任契約）の１の継続的管理業務報酬）として，翌月１日までに月額金３万円（消費税別）

② 身上監護業務報酬として，介護・福祉サービス利用における基本契約の締結につき，当該事務の終了時に金３万円以内（消費税別）

③ 入退院に係る手続につき金10万円以内（消費税別）

④ 別紙代理権目録（委任契約）記載事項で上記①から③までの事項を除く「その他報酬」として，別紙報酬規定の２及び４の規定に準じた金額

2　報酬額の変更の必要ある場合は，前項を基準として，双方協議により決定するものとします。

第７条（報告）

1　宮森さんは，平成さんに対し，３か月ごとに，本件委任事務の処理の状況について報告書を提出して報告します。

2　平成さんは，宮森さんに対し，いつでも本件委任事務の処理の状況について，報告を求めることができます。

第８条（契約の変更）

本件委任契約に定めた代理権の範囲を変更する契約は，公正証書によってするものとします。

第９条（契約の解除）

平成さん及び宮森さんは，いつでも本件委任契約を解除することができます。ただし，解除は公証人の認証を受けた書面によってしなければならないものとします。

第10条（契約の終了）

本件委任契約は，第２条第２項の場合のほか，次の場合に終了します。

① 平成さん又は宮森さんが死亡又は破産手続開始決定を受けたとき

② 宮森さんが後見開始の審判を受けたとき

第２　任意後見契約

第１条（契約の趣旨）

平成さんは，任意後見契約に関する法律に基づき，将来自分が精神的な病気等により判断能力が不十分な状況となった場合に，自分の生活，療養看護及び財産の管理に関する事務（以下「後見事務」といいます。）を宮森さんに委任することとし，宮森さんはこれを受けることを了承しました。そこで，宮森さんに代理権を与えるために契約（以下「本件任意後見契約」といいます。）を結ぶものです。

第２条（契約の発効）

１　平成さんが，精神上の病気等により判断能力が不十分な状況となり，これに対して，宮森さんが本件任意後見契約による後見事務を行う必要があると認めたときは，宮森さんは，家庭裁判所に対して，任意後見監督人の選任の請求をしなければならないものとします。

２　本件任意後見契約は，家庭裁判所において，宮森さんの後見事務を監督する任意後見監督人が選任された時から，その効力を生じます。

３　本件任意後見契約の効力発生後における平成さんと宮森さんとの間の法律関係については，任意後見契約に関する法律及び本件任意後見契約に定めるもののほか，民法の規定に従うものとします。

第３条（委任事務の範囲）

平成さんは，別紙代理権目録（任意後見契約）記載の後見事務（以下「本件後見事務」といいます。）を宮森さんに委任し，その事務処理のための代理権を与えます。

第４条（身上配慮の責務）

宮森さんは，本件後見事務を処理するに当たっては，平成さんの意思を尊重し，かつ，平成さんの身上に配慮するものとし，その事務処理のため，必要に応じて平成さんと面接し，あるいはヘルパーその他日常生活援助者から平成さんの生活状況について報告を求め，主治医など医療関係者から平成さんの心身の状態について説明を受けることなどにより，平成さんの生活状況及び健康状態の把握に努めるものとします。

第５条（証書等の保管等）

1　宮森さんは，平成さんから本件後見事務を行うために必要な別紙代理権目録（任意後見契約）記載の証書等の引渡しを受けたときは，平成さんに対し，その明細及び保管方法を記載した預り証を交付します。

2　宮森さんは，本件任意後見契約の効力発生後，平成さん以外の者が前項記載の証書等を占有所持しているときは，その者からこれらの証書等の引渡しを受けて，前項の証書等とともに，これらを善良な管理者の注意義務をもって，自ら保管するものとします。

3　宮森さんは，本件後見事務を行うために，必要な範囲で引渡しを受けた書類等を使用することができます。また，宮森さんは，本件後見事務に関すると思われる郵便物等を受け取り，開封することができます。

第６条（費用の負担）

宮森さんが本件後見事務を処理するために必要な費用は平成さんの負担とし，宮森さんは，管理している平成さんの財産の中から，これを支出することができます。

第７条（報酬）

1　平成さんは，宮森さんに対し，任意後見監督人を選任して後見事務を開始するための報酬として，別紙報酬規定の１により支払うものとし，宮森さんは，本件任意後見契約の効力発生後その管理する平成さんの財産からその支払を受けることができます。

2　平成さんは，宮森さんに対し，本件任意後見契約の効力発生後の後見事務中，別紙代理権目録（任意後見契約）の１の継続的管理業務の報酬として，月額金３万円（消費税別）を翌月１日に支払うものとし，宮森さんは，その管理する平成さんの財産からその支払を受けることができます。

3　平成さんは，宮森さんに対し，本件任意後見契約の効力発生後の後見事務中，別紙代理権目録（任意後見契約）の２ないし14のその他業務の報酬として，別紙報酬規定の２及び４により，当該業務終了時に支払うものとし，宮森さんは，その管理する平成さんの財産からその支払を受けることができます。

4　前２項の報酬額が次の事由により不相当となった場合には，平成さん及び宮森さんは，任意後見監督人と協議のうえ，これを変更することができます。

①　平成さんの生活状況又は健康状態の変化

②　経済情勢の変動

③　その他現行報酬額を不相当とする特段の事情の発生

5　前項の場合において，平成さんがその意思を表示することができない状況にあるときは，宮森さんは，任意後見監督人の書面による同意を得てこれを変更することができます。

6　第４項の変更契約は，公正証書によってしなければならないものとします。

第８条（報告）

1　宮森さんは，任意後見監督人に対し，３か月ごとに，本件後見事務に関する次の事項について，書面で報告するものとします。

①　宮森さんの管理する平成さんの財産の管理状況

②　平成さんを代理して取得した財産の内容，取得の時期・理由・相手方及び平成さんを代理して処分した財産の内容，取得の時期・理由・相手方

③　平成さんを代理して受け取った金銭及び支払った金銭の状況

④　平成さんの身上監護について行った措置

⑤　費用の支出及び支出した時期・理由・相手方

2　宮森さんは，任意後見監督人の請求がある場合には，いつでも速やかにその求められた事項につき，書面で報告するものとします。

第９条（契約の解除）

1　平成さん又は宮森さんは，任意後見監督人が選任される前においては，

いつでも公証人の認証を受けた書面によって，本件任意後見契約を解除することができます。

2　平成さん又は宮森さんは，任意後見監督人が選任された後においては，正当な事由がある場合に限り，家庭裁判所の許可を得て，本件任意後見契約を解除することができます。

第10条（契約の終了）

1　本件任意後見契約は，次の場合に終了します。

①　平成さん又は宮森さんが死亡又は破産手続開始決定を受けたとき

②　宮森さんが後見開始の審判を受けたとき

③　宮森さんが任意後見人を解任されたとき

④　平成さんが任意後見監督人を選任した後に法定後見（後見・保佐・補助）開始の審判を受けたとき

⑤　本件任意後見契約が解除されたとき

2　任意後見監督人が選任された後に前項各号の事由が生じた場合には，平成さん又は宮森さんは，速やかにその旨を任意後見監督人に通知しなければならないものとします。

3　任意後見監督人が選任された後に第１項各号の事由が生じた場合には，平成さん又は宮森さんは，速やかにその旨を任意後見契約終了の登記を申請しなければならないものとします。

以　上

本旨外要件（略）

（別紙）

代理権目録（委任契約）

（平成令子さんを「甲」と記します。）

1　甲に帰属する一切の財産（預貯金を含む。）及び本件委任契約締結後に甲に帰属する一切の財産（預貯金を含む。）並びにその果実の管理，

保存及び変更に関する事項
2　各行政機関等に対する届出，申請及び受領に関する事項
3　金融機関及び郵便局等との全ての取引（貸金庫取引を含む。）に関する事項
4　保険契約の締結，変更，解除及び保険金の受領等保険契約に関する一切の事項
5　年金等の定期的な収入の受領及び公共料金等の定期的な支出を要する費用の支払並びにこれらに関する手続等一切の事項
6　生活に必要な送金及び生活に必要な日用品・物品の購入並びに日常関連取引に関する一切の事項
7　ヘルパーとの契約等甲の身上監護に関する一切の契約関係の処理に関する事項
8　福祉関係施設への入退所，病院への入退院の手続に関する一切の事項
9　株主権の行使に関する事項
10　以上の各事項に関して生じた紛争の特別授権行為に関する事項
11　復代理人の選任及び事務代行者の指定に関する事項
12　以上の各事項に関連する一切の事項

代理権目録（任意後見契約）

（平成令子さんを「甲」と記します。）

1　甲に帰属する一切の財産（預貯金を含む。）及び本件委任契約締結後に甲に帰属する一切の財産（預貯金を含む。）並びにその果実の管理，保存及び変更並びに処分に関する事項
2　各行政機関等に対する届出，申請及び受領に関する事項
3　金融機関及び郵便局等との全ての取引（貸金庫取引を含む。）に関する事項
4　保険契約の締結，変更，解除及び保険金の受領等保険契約に関する一切の事項
5　年金等の定期的な収入の受領及び公共料金等の定期的な支出を要する

費用の支払並びにこれらに関する手続等一切の事項
6　生活に必要な送金及び生活に必要な日用品・物品の購入並びに日常関連取引に関する一切の事項
7　ヘルパーとの契約等甲の身上監護に関する一切の契約関係の処理に関する事項
8　要介護認定の申請及び認定に関する承認又は異議の申立てに関する事項
9　福祉関係施設への入退所，病院への入退院の手続に関する一切の事項
10　次に掲げるものその他これらに準ずるものの保管及び各事項の事務処理に必要な範囲内の使用に関する事項

1　登記済権利証	2　実印・銀行印
3　印鑑登録カード・個人番号カード	4　住民基本台帳カード
5　預貯金通帳	6　年金関係書類
7　各種キャッシュカード	8　有価証券
9　その他重要な契約書類	

11　株主権の行使に関する事項
12　以上の各事項に関して生じた紛争の特別授権行為に関する事項
13　復代理人の選任及び事務代行者の指定に関する事項
14　以上の各事項に関連する一切の事項

（別紙）

報　酬　規　定

平成さんの任意後見事務に関し，宮森さんが受領する報酬を次のように定める。ただし，下記の金額には消費税は含まない。

1　任意後見監督人選任申立時報酬

申立書作成並びに申立手続報酬	金10万円
財産目録作成報酬	金３万円

２　各種手続報酬（宮森さんが行う継続的管理業務以外の業務に関する報酬）

①　賃貸不動産に関する定期的な管理業務
　１か月の収入の合計額　×３％以内

②　不動産に関する契約の締結（売買，増改築等）
　契約価額　1000万円まで　金20万円以内
　1000万円を超える　×２％以内

③　不動産に関する継続的契約の締結（賃貸借，管理等）
　契約賃料，管理費等の１か月分

④　金銭消費貸借又は担保権設定契約の締結
　債権額（借入額）1000万円まで　金10万円以内
　1000万円を超える　×１％以内

⑤　施設入退所手続
　契約内容に応じ，上記②または③に準じて算出する。

⑥　入退院手続　金10万円以内

⑦　介護・福祉サービス利用における基本契約の締結　金３万円以内

⑧　文案を要する官庁提出書類の作成及び提出手続　金２万円以内

⑨　日当
　１時間につき　金5000円

３　平成さんの死亡による任意後見契約終了に伴う事務報酬
　金50万円以内

４　その他事務報酬（上記以外の事務に関する報酬）
　その事務を行うのに要した時間に応じて，当報酬規定「２―⑨　日当」を適用するものとする。

【書式５】 遺言公正証書

平成21年第〇〇〇号

遺　言　公　正　証　書

本職は，遺言者平成令子の嘱託により，証人宮森あおば，同〇〇〇〇両名立会いの下，下記のとおり遺言者の口述を筆記し，この証書を作成する。

第１条　遺言者は，下記預貯金債権を含む全財産を，長女の平成みどり（昭和41年８月８日生）に全て相続させる。

記（預貯金債権の表示）

1　預金債権
　①　銀　行　名　〇〇銀行
　　　店コード　〇〇〇
　　　種　　　類　総合口座
　　　口座番号　〇〇〇〇〇〇〇
　②　銀　行　名　〇〇信託銀行
　　　種　　　類　総合口座
　　　取引番号　〇〇〇〇〇〇〇
2　貯金債権
　①　金融機関名　ゆうちょ銀行
　　　記　　　号　〇〇〇〇〇
　　　番　　　号　〇〇〇〇〇〇〇
　　　種　　　類　総合口座
　②　金融機関名　ゆうちょ銀行
　　　記　　　号　〇〇〇〇〇
　　　番　　　号　〇〇〇〇〇〇〇
　　　種　　　類　定額郵便貯金，定期郵便貯金
　③　金融機関名　ゆうちょ銀行
　　　記　　　号　〇〇〇〇〇

番　　　号　〇〇〇〇〇〇〇
種　　　類　定額郵便貯金

第２条　遺言者は，本遺言の執行者を
所　在　宮城県仙台市若葉区白山町１番１号
氏　名　司法書士　宮森あおば
（昭和40年10月１日生）
と指定する。
遺言執行者は，遺言者が保有する全財産の名義変更，換金，換価処分，解約，払戻，貸金庫の開扉・解約等，本遺言の執行に必要な一切の権限を有する。
遺言執行者が必要があると認めるときは，その権限を第三者に委任することができる。

以　上

本旨外要件（略）

【書式６】　死後事務委任契約公正証書

平成21年第〇〇〇号

死後事務委任契約公正証書

本職は，委任者平成令子（以下「甲」という。）及び受任者宮森あおば（以下「乙」という。）の嘱託により，下記の法律行為に関する陳述の趣旨を録取し，この公正証書を作成する。

本　　　旨

第１条（契約の趣旨）
甲と乙は，本日，以下のとおり死後事務委任契約（以下「本契約」という）を締結する。

第２条（甲の死亡による本契約の効力）

甲が死亡した場合においても，本契約は終了せず，甲の相続人は，委託者である甲の本契約上の権利義務を承継する。

第３条（委任事務の範囲）

甲は，乙に対し，甲の死亡後における次の事務（以下「本件死後事務」という）を委任する。

① 通夜，告別式，火葬，納骨，埋葬に関する事務
② 永代供養に関する事務
③ 老人ホーム入居一時金等の受領に関する事務
④ 行政官庁等への諸届事務
⑤ 以上の各事務に関する費用の支払

第４条（連絡）

甲が死亡したときは，速やかに甲があらかじめ指定した親族等の関係者に連絡する。

第５条（預託金の収受）

1　甲は，乙に対し，本契約締結時に，本件死後事務を処理するために必要な費用及び乙の報酬にあてるため，金〇〇万円を預託する。
2　乙は，甲に対し，前項の預託金について預り証を発行する。
3　預託金には，利息を付さない。

第６条（費用の負担）

乙が本件死後事務を処理するために必要な費用は，甲の負担とする。乙は，その費用を預託金から支出することができる。

第７条（報酬）

甲は，乙に対し，本件死後事務の報酬として，金〇〇万円（消費税別）を支払うものとし，本件死後事務終了後，乙は預託金からその支払を受けることができる。

第８条（契約の変更）

甲又は乙は，甲の生存中，いつでも本契約の変更を求めることができる。

第９条（契約の解除）

甲は又は乙は，甲の生存中，次の事由が生じたときは，本契約を解除することができる。

①　乙が甲との信頼関係を破綻する行為を行ったとき

②　乙が健康を害し，死後事務処理を行うことが困難な状態になったとき

③　経済情勢の変動など本契約を達成することが困難な状態になったとき

第10条（契約の終了）

本契約は，次の場合，終了する。

①　乙が死亡又は破産したとき

②　甲と乙が別途契約した任意後見契約が解除されたとき

第11条（預託金の返還，精算）

1　本契約が第９条（契約の解除）又は第10条（契約の終了）により終了した場合，乙は，預託金を甲に返還する。

2　本件死後事務が終了した場合，乙は，預託金から費用及び報酬金を控除し残余金があれば，これを遺言執行者又は相続人若しくは相続財産管理人に返還する。

第12条（報告義務）

乙は，遺言執行者又は相続人若しくは相続財産管理人に対し，本件死後事務終了後１か月以内に，本件死後事務に関する次の事項について書面で報告しなければならない。

①　本件死後事務につき行った措置

②　費用の支出及び使用状況

③　報酬の収受

以　上

本旨外要件（略）

Ⅳ　夫の遺骨の改葬

令子さんは、その後も車イス生活ではあったが、判断能力が衰えることはなかったので、みどりさんの後見事務については、令子さんの意見やみどりさんの気持ちを聞きながら進めることができた。

令子さんが一番心配していたのは、みどりさんの今後の住まいのことである。マンションでの一人暮らしではなく、グループホームに入ることを令子さんは望んでいたので、みどりさんといくつかグループホームを見学に行ったりもした。

そんな中、ある日、令子さんから相談があった。夫の明さんのお墓のことだった。

令子

夫の実家のお墓は埼玉にあるのですが、夫が生前に、「実家のお墓に入れてもらいたい」といってお兄さんに頼んでいたものですから、その埼玉のお墓に納骨したんです。

ところが、最近になって、お兄さんが亡くなって、どうやらそのお子さんたちはお墓の面倒はみたくないからといって、墓仕舞いをすることにしたそうなんです。

それはそれで仕方ないんですが、私やみどりのお墓のことも考えると、こちらで共同墓を購入して、そこに夫のお骨もいっしょに入れてもらいたいと思うのですが、そんなことはできますでしょうか？

最近は、いろいろなお寺などが、宗派に関係なく入れる共同墓や合同墓を建立し、広く利用されている。樹木葬や公園墓地などは値段も安く設定されており、永代供養も付いていれば亡くなった後の管理も心配しなくて済む。

私も知り合いのお寺や霊園がいくつかあって、成年被後見人さんのお墓を生前に準備したりすることもあるので、いくつか紹介することにして、後日、埼玉から明さんの遺骨の改葬手続を行うことになった（【書式７】参照）。

【書式７】 改葬許可申請書

改葬許可申請書

（第　　　号）

死亡者の本籍	宮城県仙台市青葉区片平一丁目６番			
死亡者の住所	宮城県仙台市青葉区片平一丁目６番１号1002号			
死亡者の氏名	平成　明			
死亡者の性別	(男)　　女			
死亡年月日	平成19年12月１日			
埋葬または火葬の場所	埼玉県上尾市本町○丁目○－○			
埋葬または火葬の年月日	平成20年１月18日			
改葬の理由	他に墓地を求めたため			
改葬の場所	宮城県仙台市青葉区○○町○－○			
申請者の住所氏名	住所	宮城県仙台市青葉区片平一丁目６番１号1002号		
及び死亡者との続柄	氏名	平成　令子	死亡者との続柄	妻
及び墓地使用者等との関係	墓地使用者等との関係		本人	

上記のとおり申請します

平成　21　年　５　月　○　日

申請者　　平成　令子　　(印)

現在埋葬（収蔵）場所管理者証明欄
現在下記のところに埋蔵（収蔵）していることを認めます。 令和　　年　　月　　日 管理者 住所 氏名　　　　　　　　　　　　　　　　印

第３

本人の死後の猫のお世話～2012年６月のできごと

私がみどりさんの成年後見人に就任し、令子さんと財産管理委任契約・任意後見契約と死後事務委任契約を締結してから、早いもので３年が経った。

面会に行った日に、令子さんから相談があった。

令子

先生、実はこの猫のことなんですけどね。今は私がいて、みどりに言えば、あの子も言われたことはできるんですけど、私がいなくなったら一人で猫の世話はできないし、まぁ、その前にみどりが一人になったら、施設とかに入らないと生活できませんから、そうなるとこの猫をどうしたらいいのかと思って、ご相談したかったんです。

宮森

そうですね、猫ちゃんのことも心配ですよね。

どなたか引き取ってくださる方とかはいらっしゃいませんか？

近所のお友達が猫を飼っていて、その方がいざというときには、引き取ってもいいと言ってくださるんですけど、あんまり図々しいんじゃないかと思って。

この子、エサもすごくたくさん食べるんですよ。

（確かに、食べるからこの体形……。）

猫好きであれば、いっしょに生活すること自体楽しいし、ご近所の方も好きで引き取るのでしょうから、図々しくはないと思いますよ。よく食べる猫も、とってもかわいいですから。

そうかしらねぇ……。

たとえば、司法書士としてアドバイスをすることができるとすれば、ペットについては、「信託」という方法を使って、お世話を託すことができますよ。

信託ですか？　以前にも聞いたことあったような……。

たとえばの話です。そのご近所の方が信頼できる人なのであれば、その方に猫を信託するのです。

猫を物として扱うのには抵抗があるかもしれませんが、法律上、動物は物として扱われます。
たとえば、猫が天寿を全うするまで、あるいは里親に引き取られるまで、猫と当面の飼育費用としての現金を預けることができます。預かったお友達は、信託契約に従って猫のお世話をして、里親を探します。
口約束で面倒をみてもらうことをお願いするよりも、一応契約書を交わすことで、預かるお友達も、より責任感をもって猫のお世話をすることになります。

私は、そう言って、猫に関する信託の関係図を描いて、令子さんに見せた（〈図表10〉参照）。

〈図表10〉　ペット信託のイメージ

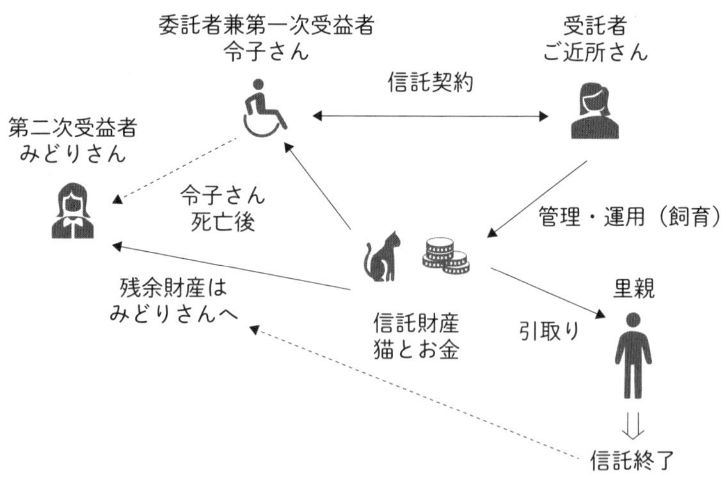

そんなやり方もあるのですね。ただ、契約書を結ぶというのも仰々しい感じがしますね。頭の片隅に入れておきます。

そのときには声をかけてください。
お手伝いさせていただきます。

第４

本人の死亡
～2014年９月のできごと

Ⅰ　本人の葬儀

2014年９月14日の18時頃、令子さんが亡くなったという電話が、病院の看護師からかかってきた。１か月前から肺炎で入院していたのだが、急変したらしい。

みどりさんは、令子さんが入院するときに、事前に検討していたグループホームに入居していた。

すぐに葬儀社に電話をして、遺体の引取りの手配をして病院に向かった。いつもお願いしている葬儀社なので、値段もわかっているし、段取りもわかるので安心だ。ただ、小さい葬儀社なので、たまに葬儀が重なると利用できないこともある。今日はすぐに来てもらえるとのことだったが、私が病院に着いて20分後くらいにお迎えに来てくださった。

成年後見業務をやっていると、成年被後見人の具合が悪くなったり、亡くなったりするのは、たいがい休みの日とか夜中だったりするが、今回も三連休の中日の夜である。

問題は、みどりさんにいつ知らせるか、だったが、グループホームに電話をかけるにしても、夜は職員は手薄だし、本人も混乱するかもしれないので、明日の朝に電話して職員と相談することにした。

ご遺体は葬儀社の家族葬用の小さいお部屋に安置してもらい、家族３人のための共同墓を契約したお寺の住職に連絡した。近くなので、とりあえず枕経をあげに来てくださることになり、21時に住職と葬儀社と今後の日取りの打合せを行った。

葬儀社

喪主はどなたになりますか？

宮森

事実上は私がいろいろするのですが、喪主って名前だけでもいいんでしょうか？

葬儀社

状況が状況ですし、そうなるでしょう。

葬儀社のアドバイスもあり、みどりさんを喪主ということにした。

後日、健康保険の葬祭費請求も喪主が行うことになるので、そのときはそこまで考えていなかったが、正解だった。誰も喪主になる人がいなくて、仕方なく成年後見人だった司法書士が喪主になったという話も聞いたことがある。

翌日、みどりさんのいるグループホームに連絡をし、支援員がみどりさんを連れて来てくれることになった。喪服は持っていないだろうから、黒っぽい服装でとお願いした。

その後、通夜・葬儀と一通り行い、遺骨は納骨するまでお寺で預かってもらうことになった。みどりさんは、どこまで理解できたのか不明だったが、また会いに行くね、と声をかけると、うなずいた。葬儀のために連れてきた猫の頭を撫でた後、支援員といっしょに帰って行った。

Ⅱ　本人の死後の事務

令子さんと契約した死後事務委任契約の内容をあらためて確認した。

死後事務委任契約の遂行としては、葬儀が終了し、支払いが済んだら、後は納骨と年金事務所などの役所関係の死亡届等がある。これは、相続人（みどりさん）の成年後見人としても行える事務であるが、委任契約の中身でもあるので、受任者として事務を遂行しなければならないだろう。

ところが、１か月以上経ってから、市役所から健康保険料や介護保険サービスの還付金等の案内が来て、「死後事務委任契約をしているので、私の名前で請求したいのですが……」と言ってみたところ、最初はなかなか話が通じず苦労したが、何とかそれらの手続を行った。

Ⅲ　本人の遺言の執行

次に、遺言執行者として、遺言を執行するために財産目録を作成し、相続人全員に報告しなければならないので（【書式８】【書式９】参照）、令子さんから聞いていた「子ども」を探さなければならない。

戸籍を調査したところ、前夫との間に子どもが一人、昭和正さんという、みどりさんには兄にあたる人が判明した（〈図表11〉参照）。

みどりさんの成年後見人として、令子さんの遺産相続に関して、昭和正さんに遺言書の内容をお知らせするお手紙を出すことにした。遺言執行者として、相続人に対して遺産目録を作成して開示しなければならないこともあり、遺産目録もいっしょに同封した。

その後、何の返答もなく３か月以上が過ぎたが、後は昭和正さんから遺留分減殺請求がなされたら対応するしかないと考え、遺言書どおりに、

〈図表11〉　相続関係図③（本人の前婚の子）

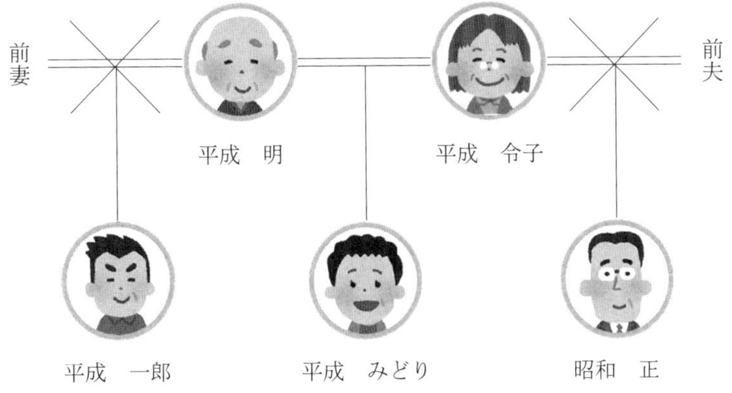

みどりさんへの相続手続を進めることとした。

【書式８】　遺言執行者事務報告書（就任時）

遺言執行者就任通知書

昭和　正　様

本　　　籍　宮城県仙台市青葉区片平一丁目６番
最後の住所　宮城県仙台市青葉区片平一丁目６番１号1002号
遺言者　　亡　　平成　令子

私は，上記遺言者作成の別紙遺言に基づき，遺言執行者として指定されましたが，このたび就任いたしましたので，この旨通知申し上げます。

遺言者が残された遺産については別紙遺産目録記載のとおりです。また，遺言の内容は，遺言者の子である平成みどりへ全財産を相続させるというものです。公正証書遺言の写しを同封しておりますので，内容をご確認ください。

今後，遺言内容に沿った遺言執行事務を行わせていただくことをあわせて通知申し上げます。

本遺言書の記載にある遺言事項及び遺言執行事務についてご不明の点がございましたら，下記，遺言執行者の事務所までご連絡ください。

平成26年10月15日

（事務所）仙台市若葉区白山町１番１号
司法書士宮森あおば事務所
（氏　名）司法書士　宮　森　あおば
TEL　022－000－0000
FAX　022－000－0000

【書式９】　遺言執行者事務報告書（終了時）

遺言執行事務終了通知並びに事務報告書

昭和　正　様

本　　　籍　宮城県仙台市青葉区片平一丁目６番
最後の住所　宮城県仙台市青葉区片平一丁目６番１号1002号
遺言者　　亡　　平成　令子

私は，遺言者平成令子の遺言執行者として任務を行ってきましたが，遺言執行事務が平成26年12月３日をもって終了いたしましたので，本書をもってここに通知いたします。

なお，遺言執行行為に関する執行内容は後記のとおりですので，あわせてご報告いたします。

報告事項

平成26年10月15日　遺言執行者へ就任
平成26年10月29日　○○銀行○○支店にて預金解約事務
平成26年11月４日　・・・・・・・
平成26年11月20日　・・・・・・・

以　上

平成26年12月４日

（事務所）仙台市若葉区白山町１番１号
司法書士宮森あおば事務所
（氏　名）司法書士　宮　森　あおば
TEL　022−000−0000
FAX　022−000−0000

令子さんの財産としては、マンションが主なものだったので、預貯金の金額を考えると、マンションは売却して現金化し、みどりさんの生活費にあてたほうがよいと考え、みどりさんに相談すると、「マンションにはお母さんがいないならもう帰れない」と話し、東日本大震災後のマンション需要で今なら売却が見込まれるため、家庭裁判所の許可を得て売却することになった（みどりさんはグループホームに住所を移していたが、あくまでも施設なので、居住用財産として、家庭裁判所の許可が必要である（**【書式10】**参照）。

【書式10】 成年被後見人名義の居住用不動産の売却許可申立書

受付印	居住用不動産処分許可申立書
収入印紙 800円 予納郵便切手 84円	（この欄に収入印紙800円をはる。） （はった印紙に押印しないでください。）

準口頭		関連事件番号　平成　　年（家　）第　　　号

仙台　家庭裁判所　御中 平成27年 2 月 1 日	申立人の署名押印又は記名押印	平成みどり成年後見人 宮森あおば　㊞

添付書類	申立人の戸籍謄本　通 本人の戸籍謄本　通　戸籍附票　通　登記事項証明書　通 処分する不動産の登記事項証明書　1通　契約書（写し）　1通

申立人	事務所 住所	〒980―0000　宮城県仙台市若葉区白山町１番１号 電話			
	フリガナ 氏名	ミヤモリ　アオバ 宮森　あおば	昭和40年10月１日生	職業	司法書士
	被後見人等との関係	※1　本人　②　成年後見人　3　保佐人　4　補助人 5　後見監督人　6　保佐監督人　7　補助監督人			
成年被後見人	本籍	宮城県仙台市青葉区片平一丁目６番			
	住所	〒980―0000　電話 022―000―0000 宮城県仙台市青葉区片平一丁目６番１号1002号			
	フリガナ 氏名	ヘイセイ　ミドリ 平成　みどり			
	職業	無職			

（注）太枠の中だけ記入してください。※の部分は当てはまる番号を○で囲んでください。

<table>
<tr><th colspan="4">申　立　て　の　趣　旨</th></tr>
<tr><td>申立人が
①　被後見人
2　被保佐人
3　被補助人</td><td>の居住用</td><td>(1)　建物
(2)　土地
(3)　建物及び土地
④　区分建物</td><td>につき</td></tr>
<tr><td colspan="3">㋐　別紙売買契約書（案）
イ　別紙賃貸借契約書（案）
ウ　別紙根抵当権設定契約書（案）
エ　その他（　　　）</td><td>のとおり</td></tr>
<tr><td colspan="4">ⓐ　売却　　b　賃貸　　c　賃貸借の解除　　d　（根）抵当権の設定
e　その他</td></tr>
<tr><td colspan="4">をすることを許可する旨の審判を求める。</td></tr>
</table>

<table>
<tr><th colspan="3">申　立　て　の　理　由</th></tr>
<tr><td>居住用不動産の処分を必要とする理由</td><td colspan="2">1　成年被後見人は現在グループホームに居住しており，今後退去の見込みはない。
2　本件不動産は，平成26年９月14日に本人の母が死亡し本人が相続したものであるが現在は空き家になっており，いつまでも空き家にしておくのは防犯上も望ましくない。
3　本人の収入や預貯金額を鑑み，今後の本人の生活のために本件不動産を売却して生活費に充てることとしたい。</td></tr>
<tr><td colspan="2">居住用不動産の処分についての被後見人等の同意の有無</td><td>※　①　ある　　　2　ない</td></tr>
<tr><td>今後の居住場所</td><td>※　1　病院
2　老人ホーム
3　親族と同居
4　転居
5　変更なし
⑥　その他
グループホーム</td><td>（今後の住所・施設所在地）
仙台市若葉町青芝町５丁目８番８号
グループホーム幸福苑</td></tr>
</table>

その後、1年経っても、昭和正さんから、遺留分の減殺請求はなされなかった。

みどりさんには、時々面会に行って、みどりさんの好きなアイドルの話をしたり、いっしょに塗り絵をしたりして、段々と心を開いてくれているのかな、と思える時間が増えてきた。お母さんの話はほとんど出ないので、あまり思い出さないのかなと思い、グループホームの職員に聞いてみたところ、「たまに写真を見てね、悲しそうにしてるんですよ」とのことだった。

ちなみに猫はといえば、ご近所のお友達が引き取ってくれた。生前、たくさん食べるから図々しいかも、と令子さんが話していたと伝えたところ、「太った猫は特にかわいいから大丈夫」と話していた。この人なら大切に面倒をみてくれると確信した。信託契約はできなかったけれど、仮に信託契約をしたとしたら、受託者として最適な人だったと思った。

その後、数年間、特に大きな変化もなく日々が過ぎた。

第５

娘の死亡 ～2019年６月のできごと

Ⅰ　娘の死亡と死後の事務

2019年６月、みどりさんが風邪をこじらせ肺炎になり、急逝した。つい１か月前には元気にしていたのに、と思うと、悲しみよりも驚きのほうが大きく、最期の顔を見て涙が出た。

成年後見業務で、成年被後見人さんが亡くなることは何度も経験しているが、ご高齢の方だと意思疎通ができない方も多く、ご葬儀で涙することはほとんどない。そんな中、みどりさんに会いに行くのはいつも楽しみでもあった。特にお母さんの令子さんが亡くなってからは、私が行くのを楽しみに待っていてくれたので、もうそんな機会もないと思うと寂しくなった。

みどりさんについては、死後事務委任契約も遺言もなく、成年後見人としてできる範囲の死後事務を行い、遺産の引継ぎを行わなければならない。

成年後見人は、成年被後見人が死亡した場合に必要があるときは、成年被後見人の相続人の意思に反することが明らかなときを除き、一定の保存行為等を行うことができるのだが、本人の死体の火葬または埋葬に関する契約の締結その他相続財産の保存に必要な行為については家庭裁判所の許可が必要とされている（民法873条の２）。「成年後見の事務の円滑化を図るための民法及び家事事件手続法の一部を改正する法律」（平成28年法律第27号）によりこの条文が新設される以前も、成年後見人が本人死亡後、必要に迫られて死後事務を執り行ってきた経緯があり、実際に家庭裁判所の許可書を提示しないとできない場面はないのだが、ほかに喪主となるべき人がいない、死亡届を成年後見人が出さねばならない場合には、さまざまな公的文書に成年後見人の氏名が記載されることもあり、事前に許可を得て行わなければならない。

そこで、家庭裁判所に連絡をして、火葬の関係もあるので大至急許可を出してもらうように依頼した（**【書式11】**参照）。

ちなみに、死亡届等の戸籍の届出を行う場合には、届出人の本籍・筆頭者も記載される。私の場合は夫が筆頭者であるので、夫の氏名がみどりさんの戸籍に記載されることになる（**【書式12】【書式13】**参照）。

【書式11】 成年被後見人の死亡後の死体の火葬又は埋葬に関する契約の締結その他相続財産の保存に必要な行為についての許可申立書

受付印	成年被後見人の死亡後の死体の火葬又は埋葬に関する契約の締結その他相続財産の保存に必要な行為についての許可申立書
	この欄に収入印紙800円分を貼る。 （貼った印紙に押印しないでください。）
収入印紙　８００円 予納郵便切手８４円	
準口頭	基本事件番号　平成21年（家　）第○○○○○号

仙台家庭裁判所　御中 令和元年 ○ 月 ○ 日	申立人の記名押印	宮　森　　あおば　　　㊞

添付書類	□申立事情説明書 □預貯金通帳の写し □報告書	□死亡診断書の写し（死亡の記載のある戸籍謄本） □寄託契約書案 □

申立人	住所又は事務所	〒985―0000　　電話022―000―0000 仙台市若葉区白山町1番1号
	氏名	宮　森　　あおば
成年被後見人	住所	〒985―0000 仙台市若葉区青芝町5丁目8番8号　グループホーム幸福苑
	氏名	平　成　　みどり

申立ての趣旨	申立人が ☑成年被後見人の死体の（☑火葬☑埋葬）に関する契約を締結する ☑成年被後見人名義の下記の預貯金の払戻しをする 金融機関名　○○銀行　支店名　○○支店 口座種別　普通　口座番号　○○○○○○○ 払戻金額　金　500,000　円 □（　　　　） ことを許可する旨の審判を求める。
申立ての理由	別添申立事情説明書のとおり

裁判所使用欄

1　本件申立てを許可する。
2　手続費用は，申立人の負担とする。
令和元年　　月　　日
仙台家庭裁判所

裁 判 官

告　知	
受告知者	申立人
告知方法	□住所又は事務所に謄本送付 □当庁において謄本交付
年 月 日	令和　　・　　・
	裁判所書記官

基本事件番号　平成 21 年（家）第 ○○○○○ 号　　成年被後見人亡平成みどり

申立事情説明書

1　申立ての理由・必要性等について

成年被後見人は令和元年6月19日、△△病院で亡くなりました。
成年被後見人の相続人には兄弟がいますが、生前から付き合いがなく疎遠であり、火葬等を取り仕切ることはできないため、成年後見人において申立ての趣旨に記載した行為を行う必要があります。
また、そのための費用の支払いのため預金の払戻しを行う必要があります。

※　申立ての理由・必要性等を裏付ける資料がある場合には，資料を添付してください。

2　本件申立てにかかる行為ついての相続人の意思について

- ☐　相続人の存在が明らかではないため，意思の確認がとれない。
- ☐　相続人が所在不明のため，意思の確認がとれない。
- ☑　相続人が疎遠であり，意思の確認がとれない。
- ☐　反対している相続人はいない。
- ☐　その他

【書式12】 死亡届・死亡診断書

死　亡　届

令和元年６月○日届出

仙台市　　長殿

受理　令和　年　月　日　第　　号	発送　令和　年　月　日
送付　令和　年　月　日　第　　号	長印

書類調査	戸籍記載	記載調査	調査票	附表	住民票	通知

(1)(2)	氏名（よみかた）	へいせい　平成（氏）　みどり（名）　□男　☑女
(3)	生年月日	昭和41年8月8日（生まれてから30日以内に死亡したときは生まれた時刻も書いてください）□午前 □午後　時　分
(4)	死亡したとき	令和元年6月19日　☑午前 □午後　10時40分
(5)	死亡したところ	宮城県仙台市若葉区○○町○－○
(6)	住所（住民登録をしているところ）	宮城県仙台市若葉区青芝町５丁目８番８号　グループホーム幸福苑
	世帯主の氏名（よみかた）	へいせい　平成　みどり
(7)	本籍（外国人のときは国籍だけを書いてください）	宮城県仙台市青葉区片平一丁目６番
	筆頭者の氏名	平成　令子
(8)(9)	死亡した人の夫または妻	□いる（満　歳）　いない（☑未婚　□死別　□離別）
(10)	死亡したときの世帯のおもな仕事と	□1．農業だけまたは農業とその他の仕事を持っている世帯 □2．自由業・商工業・サービス業等を個人で経営している世帯 □3．企業・個人商店等（官公庁は除く）の常用勤労者世帯で勤め先の従業者数が１人から99人までの世帯（日々または１年未満の契約の雇用者は５） □4．３にあてはまらない常用勤労者世帯及び会社団体の役員の世帯（日々または１年未満の契約の雇用者は５） □5．１から４にあてはまらないその他の仕事をしている者のいる世帯 ☑6．仕事をしている者のいない世帯
(11)	死亡した人の職業・産業	（国勢調査の年…令和　年…の４月１日から翌年３月31日までに死亡したときだけ書いてください） 職業　　　産業
	その他	①火葬日時　令和元年6月20日　午後2時30分 ②火葬場所　○○斎場 ③続柄　後見人
	届出人	□1．同居の親族　□2．同居していない親族　□3．同居者　□4．家主　□5．地主　□6．家屋管理人　□7．土地管理人　□8．公設所の長　☑9．後見人　□10．保佐人　□11．補助人　□12．任意後見人
	住所	仙台市若葉区白山町1番1号
	本籍	仙台市若葉区白山町1番1号　筆頭者の氏名　宮森　浩二
	署名	宮森　あおば　昭和40年10月1日生

事件簿番号	

記入の注意

鉛筆や消えやすいインキで書かないでください。

死亡したことを知った日からかぞえて７日以内に出してください。

死亡者の本籍地でない役場に出すときは，２通出してください（役場が相当と認めたときは，１通で足りることもあります。）。２通の場合でも，死亡診断書は原本１通と写し１通でさしつかえありません。

→「筆頭者の氏名」には，戸籍のはじめに記載されている人の氏名を書いてください。

→内縁のものはふくまれません。

□には，あてはまるものに☑のようにしるしをつけてください。

→死亡者について書いてください。

届け出られた事項は，人口動態調査（統計法に基づく基幹統計調査，厚生労働省所管），がん登録等の推進に関する法律に基づく全国がん登録（厚生労働省所管）にも用いられます。

◎届出人の印をご持参ください。

◎こちら側は医師が記入する欄です。

死亡診断書（~~死体検案書~~）

この死亡診断書（死体検案書）は，我が国の死因統計作成の資料としても用いられます。かい書で，できるだけ詳しく書いてください。

	氏　名	平成　みどり　1男　②女　生年月日　昭和41年8月8日（生まれてから30日以内に死亡したときは生まれた時刻も書いてください。）
	死亡したとき	令和元年6月19日　午前10時40分
(12)(13)	死亡したところ及びその種別	死亡したところの種別：①病院　2 診療所　3 介護医療院・介護老人保健施設　4 助産所　5 老人ホーム　6 自宅　7 その他 死亡したところ：宮城県仙台市若葉区○○町○－○ （死亡したところの種別1～5）施設の名称：○○病院
(14)	死亡の原因 ◆Ⅰ欄，Ⅱ欄ともに疾患の終末期の状態としての心不全，呼吸不全等は書かないでください ◆Ⅰ欄では，最も死亡に影響を与えた傷病名を医学的因果関係の順番で書いてください。 ◆Ⅰ欄の傷病名の記載は各欄一つにしてください ただし，欄が不足する場合は(エ)欄に残りを医学的因果関係の順番で書いてください	Ⅰ (ア)直接の死因：肺炎　／　発病（発症）又は受傷から死亡までの期間：約5日 (イ)(ア)の原因： (ウ)(イ)の原因： (エ)(ウ)の原因： Ⅱ 直接には死因に関係しないがⅠ欄の傷病経過に影響を及ぼした傷病名等： （発病（発症）又は受傷から死亡までの期間　◆年，月，日等の単位で書いてください　ただし，1日未満の場合は，時，分等の単位で書いてください（例：1年3ヶ月，5時間20分）） 手術：①無　2．有〔部位及び主要所見〕　手術年月日 解剖：①無　2．有〔主要所見〕
(15)	死因の種類	①病死及び自然死 外因死　不慮の外因死：2．交通事故　3．転倒・転落　4．溺水　5．煙，火災及び火焔による傷害　6．窒息　7．中毒　8．その他 その他及び不詳の外因死：9．自殺　10．他殺　11．その他及び不詳の外因 12．不詳の死
(16)	外因死の追加事項 ◆伝聞又は推定情報の場合でも書いてください	傷害が発生した時：　　傷害が発生したところ： 傷害が発生したところの種別：1．住居　2．工場及び建築現場　3．道路　4．その他（　） 手段及び状況：
(17)	生後1年未満で病死した場合の追加事項	出生時体重：　　単胎・多胎の別：1単胎　2多胎（　子中第　子）　　妊娠週数：満　週 妊娠・分娩時における母体の病態又は異常：1無　2有〔　〕　3不詳 母の生年月日： 前回までの妊娠の結果：出生児　人　死産児　胎（妊娠満22週以後に限る）
(18)	その他特に付言すべきことがら	
(19)	上記のとおり診断（~~検案~~）する	診断（~~検案~~）年月日　令和1年6月　日 本診断書（~~検案書~~）発行年月日　令和1年6月　日 （病院，診療所，介護医療院若しくは介護老人保健施設等の名称及び所在地又は医師の住所）〒○○○―○○○○　宮城県仙台市　○○病院 （氏名）医師　○○　○○　㊞

記入の注意

生年月日が不詳の場合は，推定年齢をカッコを付して書いてください。

夜の12時は「午前0時」，昼の12時は「午後0時」と書いてください。

「5老人ホーム」は，養護老人ホーム，特別養護老人ホーム，軽費老人ホーム及び有料老人ホームをいいます。

死亡したところの種別で「3」を選択した場合は，施設の名称に続けて，介護医療院，介護老人保健施設の別をカッコ内に書いてください。

傷病名等は，日本語で書いてください。
Ⅰ欄では，各傷病について発病の型（例：急性），原因（例：病原体名），部位（例：胃噴門部がん），性状（例：病理組織型）等もできるだけ書いてください。

妊娠中の死亡の場合は「妊娠満何週」，また，分娩中の死亡の場合は「妊娠満何週の分娩中」と書いてください。産後42日未満の死亡の場合は「妊娠満何週産後満何日目」と書いてください。

Ⅰ欄及びⅡ欄に関係した手術について，術式又はその診断名と関連のある所見等を書いてください。紹介状や伝聞等による情報についてもカッコを付して書いてください。

「2交通事故」は，事故発生からの期間にかかわらず，その事故による死亡が該当します。

「5煙，火災及び火焔による傷害」は，火災による一酸化炭素中毒，窒息等も含まれます。

「1住居」とは，住宅，庭等をいい，老人ホーム等の居住施設は含まれません。

障害がどういう状況で起こったかを具体的に書いてください。

妊娠週数は，最終月経，基礎体温，超音波計測等により確定し，できるだけ正確に書いてください。
母子健康手帳等を参考に書いてください。

【書式13】 死体火葬許可証

死体火葬許可証

許可番号
第○○○号

死亡者の本籍	宮城県仙台市青葉区片平1丁目6番		
死亡者の住所	宮城県仙台市若葉区青芝町5丁目8番8号 グループホーム幸福苑		
死亡者の氏名	平成　みどり	性別	女
出生年月日	昭和41年　8　月　8　日		
死因	「一類感染症等」　・　○「その他」		
死亡年月日時	令和元年　6　月　日　午前　10　時　40　分		
死亡の場所	宮城県仙台市若葉区○○町○－○		
火葬の場所	仙台市○○斎場		
申請者	住所　宮城県仙台市若葉区白山町1番1号 氏名　宮森　あおば 死亡者との続柄　後見人		

令和元年　6　月　20　日

(注) 1　死亡したときから，24時間たたないと火葬することはできません。
　　 2　火葬後，墓地等に埋葬するまで，この許可証を大切に保管してください。

Ⅱ　娘の葬儀

みどりさんの葬儀については、令子さんが亡くなったときと同じ葬儀社に連絡をしたが、今回は、葬儀については参列者等もいないことから、施設から直接火葬場へ搬送してもらう「直葬」を選択した。それでも、火葬場の空き状況等からすぐには搬送できないこともあり、その場合は葬儀社でいったん遺体を預かってもらうことになる。

火葬場へ付き添って見届けるということはこれまでも何度も行ってきたが、今回は、私以外に立ち会う人がいなかったので、遺骨を拾う「収骨」の儀式も私一人で行った。

火葬場の職員が全部仕切ってくれるので、言われたとおりにすればよいのだが、私だけにしかお骨を拾ってもらうことができないみどりさんが気の毒だなとも思った。

以前、共同墓を購入したお寺のご住職に来てもらい、お経をあげてもらって、遺骨もそのままご住職に持って行ってもらうこととした。四十九日に納骨をするとのことで、その日は私も立ち会うこととした。

Ⅲ　娘の相続人

みどりさんの管理財産の引継ぎなどの打合せをしたく、みどりさんの相続人である昭和正さんと平成一郎さんにお手紙を出した。

昭和正さんの親戚から連絡を受け、なんと今年２月に亡くなっていたことがわかった。スキー帰りに雪道を運転中、ハンドル操作を誤り対向車の大型トラックと正面衝突したそうだ。人の命はなんと儚いものかと、あらためて考えさせられた。正さんは独身のまま亡くなっていた。

程なくして、平成一郎さんからも連絡があった。

宮森

みどりさんにとって、一郎さんが唯一の相続人です。みどりさんが遺された財産は預金だけですが、1000万円ほどあります。

相続しますか？

一郎

現金も多額で悩みましたが、家族と相談して相続しないことにしました。相続しなくてもよいのですよね？

宮森

もちろん、相続しなくてもよいのですが、特別縁故者が出てこない限り、国の財産となりますよ。言い方はよくないですが、もったいないような気がしますが……。

一郎

これまでみどりさんのご両親が障がいのあるみどりさんが路頭に迷うことがないように、コツコツ貯めてきたお金なんだと思いますし、それを受け取った場合、道義的にみどりさんやその親の墓もみていかなければならないと考えています。

ということを考えると、これまで生活を共にして来なかったわけですから、墓をみるといってもウワベだけになることは当然ですし、それはそれで心苦しいです。

1000万円は惜しいですが（笑）　ここは、相続しないと決めました。

宮森

いろいろ考えられての決断なのですね。わかりました。

ただ、相続をしないと単に言ったとしても、手続をしなければ自動的に相続したことになってしまいます。家庭裁判所において相続放棄の申述をしなければなりません。

一郎

家庭裁判所の手続ですか？　それは難しい手続ですか？

宮森

難しい手続ではありませんが、申述書を作成することと、添付書類の収集が必要となります。ご自身で行うことでも構いませんので、その際は、家庭裁判所で手続案内を受けて進めてください。

一郎

自分でやると裁判所に行くことになるのですね。

最近仕事が忙しくてそんな時間が……、多少費用がかかってもよいので、先生にお願いできますか？

宮森

はい、当事務所でも作成することができますので、お手伝いさせていただきます。

それでは、相続放棄の書類を作成したら、ご連絡します。

そうして、私は、みどりさんの相続について、平成一郎さんの相続放棄申述書（**【書式14】**参照）を作成した。

【書式14】　相続放棄申述書

受付印	相　続　放　棄　申　述　書
収入印紙　８００円 予納郵便切手　８４円	（この欄に申立人１人について収入印紙800円分を貼ってください。） （貼った印紙に押印しないでください。）

準口頭		関連事件番号　平成・令和　　年（家　）第　　　号

仙台　家庭裁判所 御中 令和 *1* 年　*8*　月 *25* 日	申　述　人 （未成年者などの場合は法定代理人） の記名押印	平成　一郎　㊞

添付書類	（同じ書類は１通で足ります。審理のために必要な場合は追加書類の提出をお願いすることがあります。） ■戸籍（除籍・改製原戸籍）謄本（全部事項証明書）　合計　○通 ■被相続人の住民票除票又は戸籍附票　合計　○通

申述人	本籍（国籍）	宮城　都道府㊇県　仙台市泉区泉中央二丁目 *1* 番 *1* 号			
	住所	〒 *980* — *0000*　電話 *022*（*000*）*0000* 宮城県仙台市泉区泉中央二丁目 *1* 番 *1* 号　（　　方）			
	フリガナ 氏名	ヘイセイ　イチロウ 平成　一郎	㊐昭和・平成 *31* 年 *4* 月 *4* 日生・令和（*63* 歳）	職業	会社員
	被相続人との関係	※　被相続人の・・・　1子　2孫　3配偶者　4直系尊属（父母・祖父母）　⑤兄弟姉妹　6おいめい　7その他（　　）			
法定代理人等	※ 1親権者 2後見人 3	住所　〒　—　電話　（　） （　　方）			
		フリガナ 氏名		フリガナ 氏名	
被相続人	本籍（国籍）	宮城　都道府㊇県　仙台市青葉区片平一丁目６番			
	最後の住所	宮城県仙台市若葉区青芝町五丁目８番８号 グループホーム幸福苑		死亡当時の職業	無職
	フリガナ 氏名	ヘイセイ　ミドリ 平成　みどり	令和 *1* 年 *6* 月 *19* 日死亡		

（注）太枠の中だけ記入してください。※の部分は，当てはまる番号を○で囲み，被相続人との関係欄の７，法定代理人等欄の３を選んだ場合には，具体的に記載してください。

相続放棄（１／２）

申　　述　　の　　趣　　旨
相続の放棄をする。

申　　述　　の　　理　　由		
※ 相続の開始を知った日・・・・令和　1　年　6　月　25　日 1　被相続人死亡の当日　　　3　先順位者の相続放棄を知った日 (2)　死亡の通知をうけた日　　4　その他（　　　　　　）		
放棄の理由	相続財産の概略	
※ 1　被相続人から生前に贈与を受けている。 (2)　生活が安定している。 3　遺産が少ない。 4　遺産を分散させたくない。 5　債務超過のため。 6　その他 （　　　　　　）	資産	農　地・・・・・約　　　平方メートル 山　林・・・・・約　　　平方メートル 宅　地・・・・・約　　　平方メートル 建　物・・・・・約　　　平方メートル 現金・預貯金・・約1,000万円 有価証券・・・・約　　　万円
	負　債・・・・・・・・なし	

（注）太枠の中だけ記入してください。※の部分は，当てはまる番号を○で囲み，申述の理由欄の4，放棄の理由欄の6を選んだ場合には，（　　）内に具体的に記入してください。

相続放棄（２／２）

Ⅳ　娘の相続財産の管理

その後、一郎さんの相続放棄の手続が無事完了した。みどりさんの相続人は不存在ということになったので、元成年後見人として相続財産管理人選任の審判申立て（**【書式15】**参照）をすることとした。

相続財産管理人の候補者はどうすればいいかについて、家庭裁判所に聞いてみたところ、自分を候補者として申立てをしてもいいし、候補者なしで申立てをしてもいいとのことだった。

少し悩んだが、最初の相談から10年以上、さまざまな場面において関与し、令子さんからは、可能な限り最期まで私たちの面倒をみてもらいたいとお願いされていたこともあり、自分を候補者とする申立てを行った。家庭裁判所の判断によるということになろうが、地域によってはそのような候補者は絶対に選任されない、という裁判所もあるかもしれない。後は、裁判所の判断になろう。

【書式15】 相続財産管理人選任審判申立書

受付印	相続財産管理人選任審判申立書（相続人不存在の場合）
	（この欄に収入印紙800円分を貼ってください。） （貼った印紙に押印しないでください。）
収入印紙　８００円	
予納郵便切手　８４円	

準口頭		関連事件番号　平成・令和　　年（家　　）第　　　号

仙台　家庭裁判所 御中 令和１年10月29日	申立人 （又は法定代理人など） の記名押印	宮森　あおば　㊞

添付書類	申立人の戸籍謄本（被相続人と親族関係にある場合），被相続人の出生から死亡までの戸（除）籍謄本，被相続人の住民票除票，被相続人の父母の出生から死亡までの戸（除）籍謄本，財産目録，預貯金通帳写し等，申立人の利害関係を証する書面，相続放棄受理証明書

申立人	本籍	宮城　都道府㊥県　仙台市若葉区白山町１番	
	住所	〒985―0000　電話　022（000）0000 仙台市若葉区白山町１番１号 （　　　方）	
	連絡先	電話　（　　） （　　　方）	
	フリガナ 氏名	ミヤモリ　アオバ 宮森　あおば	昭和40年10月１日生
被相続人	本籍	宮城県仙台市青葉区片平一丁目６番	
	最後の住所	〒　― 宮城県仙台市若葉区青芝町五丁目８番８号　グループホーム幸福苑	
	フリガナ 氏名	ヘイセイ　ミドリ 平成　みどり	大正・㊥昭和・平成　41年８月８日生
	死亡当時の職業	無職	

相続財産管理人（１／５）

申　立　て　の　趣　旨
被相続人の相続財産の管理人を選任する審判を求める。

申　立　て　の　理　由	
※　被相続人は　令和　元　年　6　月　19　日に死亡したが， 1　相続人があることが明らかでないため。 ②　相続人全員が相続の放棄をしたため。 申立人が利害関係を有する事情 ※ 1　相続債権者　　2　特定受遺者 3　相続財産の分与を請求する者　　④　その他	
（その具体的実情） 1　申立人は，被相続人の成年後見人を務めていた者である。 2　被相続人が死亡したことにより後見が終了したので，財産を引き渡すべく相続人平成一郎氏に通知したところ，相続放棄をしたことを確認したため，相続人が不存在となった。 3　成年後見人として管理していた財産があるため，本件申立てに及んだ次第である。	相続財産 ※ 1　土地 2　建物 3　現金 ④　預・貯金 5　有価証券 6　貸金等の債権 7　借地権・借家権 8　その他 内訳は別紙遺産目録のとおり 遺言　※　1有　②無　3不明
（備　考）	

※あてはまる番号を○でかこむ。

相続財産管理人（2／5）

遺　産　目　録（土　地）

番号	所　　在	地　番	地　目	地　積	備　考
	なし	番		平方メートル	

相続財産管理人（３／５）

遺　産　目　録（建　物）

番号	所　　在	家屋番号	種類	構　造	床面積	備　考
	なし				平方メートル	

相続財産管理人（４／５）

遺　産　目　録（現金，預・貯金，株券等）

番号	品　　目	単位	数　量（金額）	備　考
1	○○銀行　普通預金 口座番号　○○○○○○	1	10,026,546 円	

相続財産管理人（５／５）

Ⅴ　おわりに

平成家のさまざまな場面にかかわったことになるが、考えてみれば、司法書士という仕事は「人の死」にかかわることがとても多いのだと、あらためて実感した。相続手続のみならず、成年後見業務の中で、ご本人あるいは親族の死にかかわる業務もある。

そして、そのような経験から、人の死によって発生するさまざまな法的問題を予想することもできる。

人が亡くなった後に対処する法律事務ももちろん多いけれど、生前にあらかじめ準備しておくことも可能であり、それには「早すぎる」という言葉はあてはまらない。

今後も知識と経験を積み重ね、相談者に寄り添いながら、「不安」を「安心」に変えられる提案ができる司法書士としてあり続けたい。

●事項索引●

●執筆者紹介●

（執筆順）

久保　隆明（くぼ・たかあき）

〔略　歴〕

平成15年　司法書士登録（青森県司法書士会）

平成21年　公益社団法人青森県社会福祉士会理事（〜現在）

平成24年　八戸市市民後見人推進協議会会長（〜現在）

平成30年　家事調停委員（〜現在）

令和元年　青森県司法書士会会長（〜現在）

〔著書等〕

『未成年後見の実務――専門職後見人の立場から』（共著・民事法研究会）

『市民後見人養成講座⑶市民後見人の実務』（共著・民事法研究会）

〔担　当〕

第１章・第３章

上野　裕一郎（うえの・ゆういちろう）

〔略　歴〕

平成18年　司法書士登録（青森県司法書士会）

平成29年　公益社団法人成年後見センター・リーガルサポート青森支部支部長（〜現在）

令和元年　青森県司法書士会副会長（〜現在）

〔担　当〕

第２章・第３章

畑中　一世（はたなか・いっせい）

〔略　歴〕

平成15年　司法書士登録（静岡県司法書士会）

平成16年　司法書士登録（青森県司法書士会）

平成21年　青森県司法書士会理事（〜現在）
平成27年　一般社団法人青森県公共嘱託登記司法書士協会副理事長（〜現在）
令和２年　青森地方法務局筆界調査委員（〜現在）
　　　　　八戸市行政不服審査会委員（〜現在）

〔担　当〕
第３章

西澤　英之（にしざわ・ひでゆき）

〔略　歴〕
平成７年　司法書士登録（青森県司法書士会）
平成28年　家事調停委員（〜現在）
令和元年　青森県司法書士会理事（〜現在）
　　　　　八戸市社会福祉協議会評議員（〜現在）
　　　　　日本司法書士会連合会司法書士総合研究所研究員（〜現在）
　　　　　日本司法書士会連合会不動産登記法改正等対策部部委員（〜現在）
令和２年　日本司法書士会連合会法制審議会民法・不動産登記法部会対応プロジェクトチーム委員（〜現在）
　　　　　民事調停委員（〜現在）
　　　　　青森県商工会連合会商工調停士（〜現在）

〔担　当〕
第３章

森田　みさ（もりた・みさ）

〔略　歴〕
平成７年　司法書士登録（横浜司法書士会）
平成14年　司法書士登録（宮城県司法書士会）
平成25年　日本司法書士会連合会市民の権利擁護推進室子どもの権利擁護部会委員（〜平成31年）

平成27年　公益社団法人成年後見センター・リーガルサポート宮城支部長（～平成29年）
　　　　　NPO 法人ほっぷすてっぷ理事長（～現在）
平成30年　宮城県司法書士会副会長（～令和２年）

〔著書等〕

『未成年後見の実務——専門職後見人の立場から』（共著・民事法研究会）

「被災地の未成年後見と後見制度支援信託」信託フォーラム２号

「任意後見契約における本人支援とは」実践成年後見86号

「未成年後見について」日本司法書士会連合会会報 THINK 第116号

〔担　当〕

第４章

新しい死後事務の捉え方と実践

令和２年12月10日　第１刷発行

定価　本体3,200円＋税

編　者　死後事務研究会
発　行　株式会社　民事法研究会
印　刷　株式会社　太平印刷社

発行所　株式会社　民事法研究会
〒150-0013　東京都渋谷区恵比寿3-7-16
〔営業〕　TEL 03(5798)7257　FAX 03(5798)7258
〔編集〕　TEL 03(5798)7277　FAX 03(5798)7278
http://www.minjiho.com/　info@minjiho.com

落丁・乱丁はおとりかえします。　ISBN978-4-86556-402-0　C2032　¥3200E
カバーデザイン：関野美香